11

31

HISTOIRE

DES

RÉVOLUTIONS DE MADAGASCAR.

IMPRIMERIE DE J. SMITH,
rue Montmorency, n° 16.

HISTOIRE DES RÉVOLUTIONS

DE

MADAGASCAR,

DEPUIS 1642 JUSQU'A NOS JOURS;

PAR

M. ACKERMAN,

CHIRURGIEN-MAJOR DE LA MARINE, CHARGÉ EN CHEF DU SERVICE DES ÉTABLISSEMENS FRANÇAIS A MADAGASCAR.

Dicere verum quid vetat?
                 Horace.

PARIS,

LIBRAIRIE GIDE, RUE SAINT MARC-FEYDEAU, N° 23.

1833.

PRÉFACE.

Malgré la triste réputation dont Madagascar n'a cessé de jouir, des essais fréquens de colonisation y ont été faits par le gouvernement français. Il fallait espérer en recueillir de bien grands avantages pour réitérer de pareils sacrifices. La Compagnie des Indes ayant conçu ce projet, tenta la première de l'exécuter; mais faute de moyens sans doute, le transmit au gouvernement.

Mille erreurs se sont croisées à ce sujet : mille récriminations sont venues obscurcir une matière assez impénétrable. Or, pour donner l'aperçu clair et exact d'un pays que beaucoup de personnes croient connaître, il est essentiel de prendre les événemens à la source, en remontant progressivement jusqu'à notre époque. Les faits une fois exposés, les causes surgiront, et l'on pourra savoir comment et pourquoi nous avons échoué.

Les faits parleront donc seuls ici : la vérité, rien que la vérité dans un ouvrage qui par son sujet, doit intéresser la masse de la nation et son chef. Je me contenterai d'observer Madagascar sur les points occupés par nous ou d'autres peuples depuis 1642, et de relater avec la plus scrupuleuse exactitude ce qu'en ont dit plusieurs voyageurs savans, et ce que j'ai pu observer moi-même. Je citerai comme sources auxquelles j'ai puisé : l'ouvrage de l'abbé Rochon, le mémoire de M. Albran; je rapporterai tous les documens que m'a fournis Robin sur l'histoire de l'intérieur pendant un séjour de plus de dix ans, toutes les observations que trois ans de séjour à Sainte-Marie et à Tintingue, m'ont mis à même de faire, surtout par ma connaissance de la langue malgache, et de fréquentes relations avec les chefs, tant de Sainte-Marie que de la Grande-Terre. Enfin, je terminerai par des réflexions sur un mémoire qu'a envoyé en France le gouvernement de Bourbon, où l'on verra combien peu l'on est éclairé ici sur cette île importante. Si une voix s'élève au nom de la vérité et de l'intérêt commun, qu'on s'arrête à l'écouter : c'est faute de nous entendre que nous n'avons jamais su coloniser.

HISTOIRE

DES

RÉVOLUTIONS DE MADAGASCAR.

CHAPITRE I.

1ʳᵉ Époque.—*Liberté des peuplades. Chaque province régie par un chef. Relations des Arabes avec les peuples riverains. En 1642, premiers traités entre la France et les provinces du Sud et de l'Est. Manghéfia, point de colonisation. Pronis, premier gouverneur. L'établissement prend le nom de Fort-Dauphin.*

Madagascar, par son voisinage de la côte d'Afrique et des îles des mers de l'Inde, avait déjà des relations assez étendues avec les Arabes qui s'y étaient établis. Ces relations avaient même donné aux peuples riverains une grande supériorité sur ceux de l'intérieur, soit pour les connaissances, soit pour l'étendue du commerce. Chaque province était indépendante et se régissait par son chef particulier. Cette île comptait ainsi bon nombre de petites nations, à l'instar de l'Europe au temps où la féodalité l'avait morcelée. La richesse de son sol, sa nature chaude et vigoureuse promettaient riche moisson à qui viendrait y semer

En 1642, la Compagnie des Indes eut pour la première fois l'idée de fonder un établissement à Madagascar, et obtint, par l'intermédiaire du capitaine Picaud, à qui elle confia ses intérêts, non seulement un commerce exclusif, mais encore une concession de terrain. Rien n'était bien déterminé, lorsque Pronis fut chargé au nom du roi de prendre possession de l'île, avec ordre d'y former un établissement dans un lieu fertile, susceptible de défense et d'un accès sûr et facile. Il choisit Manghéfia, village situé sur les 24° 30′, qui lui parut le plus convenable par la grande quantité de riz et de troupeaux, par une rivière navigable, prenant sa source au pied du mont Séliva, arrosant des prairies d'une étendue immense; à tous ces avantages se joignait le voisinage d'un bois de charpente et de construction, puis un port garanti des vents du large par la petite île de Sainte-Luce.

Le personnel qu'il avait avec lui ayant été reconnu insuffisant, fut renforcé de soixante-dix hommes, mais dans une saison défavorable; car les maladies en enlevèrent un tiers: on trembla pour le reste, et on préféra, en abandonnant ce premier projet, se priver des avantages sans nombre qu'il offrait.

Comme il est probable qu'on songea en dernier lieu a l'assainissement dans cette partie fréquemment arrosée par la rivière, et qu'on ignorait la fâcheuse influence de cette saison, on avait envoyé les troupes à l'entrée de l'hivernage. On s'éloigna pour trouver une position moins nuisible à la santé, et qui offrît en même temps les ressources de l'autre. La péninsule de Tholongar, située par 25° S., et nommée depuis « Fort-Dauphin, » parut devoir le mieux remplir les conditions voulues. Tout portait à le faire espérer : une position avantageuse par sa hauteur et la facilité de la fermer par des redoutes, qui commandait à une rade par son élévation de cent cinquante pieds au-dessus du niveau de la mer ; une côte escarpée environnée de brisans rendait la descente difficile. On y construisit un fort ayant la forme d'un carré long, entouré de murs et ouvert sur la mer. Si la rade favorisait la défense, les vaisseaux au mouillage y étaient fatigués par les vents du large et surtout les fortes brises de N. E.

La belle rivière de Faushère, qui prend sa source au pied des hautes montagnes de Maugabé, et dont l'embouchure est à deux lieues du Fort-Dauphin et très-près du cap Ravenate, devait encore faire douter de la réussite de ce nouvel établissement ; car on avait à craindre l'insalubrité par le voisinage du lac d'Amboule, de mille toises de circuit, sur une profondeur moyenne de quarante pieds, et que cette rivière alimentait.

Ce lac, disait-on, eût pu faire un excellent port, si son canal de communication avec la mer n'eût pas été souvent fermé par des sables mouvans ; parfois de grands bâtimens auraient pu y entrer. Favorisé sur tous les points, le gouvernement de Pronis ne produisit aucun fruit. Là où l'intégrité pouvait jeter de fortes racines, la cupidité seule s'occupa de recueillir. Le commandant, infidèle à ses devoirs, ne songea qu'à s'enrichir, qu'à profiter de sa position, au détriment de ses subordonnés, qu'il dépouilla et aigrit contre lui; du gouvernement, dont il détournait les fonds pour se les approprier; enfin des naturels, qu'il ne craignit pas de vendre à Vandermester, gouverneur de Maurice. Il y eut impunité pour cet acte d'inhumanité révoltante, qui compromettait les Européens et leur colonie à peine au berceau. Celui dont tout dépendait, et qui devait donner l'exemple de la modération et de la justice, préparait ainsi la perte des siens pour un peu d'or honteusement acquis.

Cependant combien sa tâche était noble et laborieuse! Il pouvait rendre l'entrée du lac d'Amboule facile par des digues, perfectionner la navigation de la rivière de Faushère déjà praticable dans une longueur de quinze à vingt lieues, faire explorer la grande baie de Loucar, que l'île Sainte-Claire met à l'abri des vents du large, en empêchant son obstruction comme celle de Faushère. Enfin il eût pu rendre son port meilleur par la connaissance bien exacte du gisement des rescifs. La proximité de la riche vallée d'Amboule, de plusieurs rivières navigables; celle de mines de fer et d'acier; des chanvres, des résines, des goudrons étaient autant de richesses à exploiter. Tout cela fut négligé ou gaspillé.

CHAPITRE II.

2ᵉ Époque.—1645. *Flaccourt, commandant. Son ignorance. Destruction des établissemens en 1652. Nouvelle expédition en 1663. Chamargon ; ses heureuses dispositions mal exécutées. Le soldat Levacher, prince d'Amboule. Service important qu'il rend. En 1667, Chamargon est remplacé par le marquis de Montdevergue. Madagascar prend le titre de France orientale. État de prospérité. En 1670, Delahaie, gouverneur. Son despotisme. Nouvelle destruction du Fort-Dauphin en 1671.*

La Compagnie des Indes crut mieux prendre soin de ses intérêts en mettant Flaccourt à la place de Pronis ; mais elle s'était trompée sur le compte de cet homme, dont le caractère altier ne convenait pas pour gouverner un peuple aussi doux que le Malgache. S'il ménagea davantage ses compatriotes, ce fut afin de réussir sans obstacle dans ses perfides desseins. Bientôt ses actes de despotisme et de froide cruauté le firent exécrer. On l'accusa d'avoir envoyé quarante Français et quelques noirs ravager et incendier la fertile contrée de Faushère. Pensait-il donc qu'une aussi faible poignée d'hommes remplirait de terreur un vaste pays, dont il n'occupait qu'un très-petit point ? Avait-il l'espoir ou la chance de s'en rendre maître en violant le droit des gens et la loi naturelle ? Cette idée ne semble-t-elle pas aussi misérable que révoltante, quand on se rappelle qu'il avait affaire à un peuple d'un caractère souple et docile, chez lequel il était venu s'établir par suite de concessions volontaires, mais qui, poussé à bout, retrouvait de l'énergie. La destruction de l'établissement et l'incendie du Fort-Dauphin, en 1652, prouvèrent ce dont les indigènes étaient capables contre un Flaccourt....

Pour réparer tant de pertes, la Compagnie forma une troisième expédition en 1663, onze ans après cette catastrophe. Elle en donna le commandement à Chamargon. Ce dernier, afin de se mettre au courant des mœurs de l'île, chargea Levacher (de La Rochelle), connu sous le nom de Lacase, d'aller en reconnaissance dans le pays des Matatanes. Cet homme, qui avait l'expérience du cœur humain, ne tarda pas à s'attirer l'estime et l'amitié de ces peuples. Il les servit et reçut d'eux, après de nombreuses victoires, le surnom de Dian-Poussi, nom très-vénéré d'un chef qui avait fait la conquête de l'île. Levacher espérait par sa conduite retirer le Fort-Dauphin de l'état déplorable dans lequel on l'avait trouvé, et surtout rétablir ses compatriotes dans l'opinion des naturels, qui n'avaient plus aucune considération pour les Français. Mais ses succès causèrent sa disgrâce : le chef était jaloux de lui. De ce moment on lui refusa toute espèce d'avancement et de récompense; on le dégoûta au point de lui faire embrasser complètement la cause des naturels. Dian-Rasitate, souverain d'Amboule, l'attira auprès de lui. Cinq Français mécontens de la conduite de Chamargon, l'abandonnèrent pour se ranger sous les ordres du nouveau prince ; car Levacher, en épousant Dian-Noug, fille de Rasitate, était devenu maître absolu de sa fertile province, jusqu'à la mort de son beau-père, époque à laquelle il fit déclarer sa femme souveraine.

Ce fait doit prouver combien il est facile, avec de la modération, de s'allier l'esprit des Malgaches, d'obtenir leur entière confiance : c'est par des moyens extrêmes qu'on a toujours réussi à se les aliéner. Peut-on faire un crime à Levacher d'avoir cherché à s'affranchir de la domination insolente de Chamargon ? Sa conduite ultérieure dépose en faveur de son désintéressement. On verra combien il lui répugnait de se trouver à la tête de gens ennemis du nom français, par suite des mauvais traitemens qu'ils avaient éprouvés ou de guerres injustement déclarées.

Levacher ne se contenta pas de cette modération dans sa conduite : il voulut aller plus loin. Et quoique sa position ne lui permît pas de venir au secours de ses compatriotes, qu'il savait être dans la plus grande détresse, il oublia la peine capitale prononcée contre lui et ses cinq compagnons de fortune, et profita de l'arrivée du commandant Kercadio pour se réconcilier avec son ancien chef, pour sauver surtout de la disette quatre-vingts Français, tristes restes de cette déplorable expédition.

Grâce aux instances de M. Kercadio, à l'intelligence d'un avocat qui se trouvait à bord, grâce aussi au nom puissant du maréchal de Lameilleray, s'opéra enfin cette réconciliation que le chef fier et intraitable n'eût jamais cherchée, causant ainsi la perte du reste des Français et de l'établissement. On prétend que Dian-Noug rivalisa de générosité avec son mari, et par cet oubli de tous les maux qu'elle avait soufferts, on lui dut la paix et l'abondance dont jouit dès-lors le Fort-Dauphin.

Trois années passées sous le commandement de Chamargon, ne nous offrent que désastres, désolations et misère, tant pour les naturels que pour nous; car cette disette dans laquelle se trouvait plongée la garnison du Fort-Dauphin, n'était que la suite inévitable des hostilités du commandant contre la province de Mandrarey, qui avait pour chef Dian-Manoug, dont les heureuses dispositions et le dévouement en faveur des Français étaient assez connus pour qu'on cherchât à conserver son alliance. Le courage de ce souverain, joint à la grande influence qu'il exerçait sur toutes les peuplades, pouvait beaucoup inquiéter. Il n'est point étonnant que le besoin de domination égare quelquefois l'esprit au point de faire porter sans raison les armes chez un peuple paisible : mais peut-on concevoir qu'un homme dont la profession est sainte et l'habit sacré, qu'un prêtre enfin ait été assez fanatique ou insensé pour prendre part à de tels forfaits. Digne émule de Chamargon, pendant que celui-ci fesait exécrer nos armes, le père Étienne inspirait l'horreur d'une religion de paix et d'amour qu'il venait prêcher. L'aveugle égarement dans lequel le plongea son fanatisme, le conduisit à sa perte; et la province des Matacores, à vingt-cinq lieues du Fort-Dauphin, fut le tombeau de cet insensé, et de tous ceux que Chamargon avait envoyés sous les ordres de La Forge pour faire la conquête du pays.

Dian-Manoug de concert avec son beau-frère Lavatanga (grand bras), jure la perte des Français; ils se tiennent sur la défensive contre de nouvelles attaques, et Dian-Manoug arrête avec dix mille hommes, Chamargon à la tête de trente misérables, qui avaient pour porte-étendard le père Monnier, seul missionnaire qui restât. Le chef Malgache, fier de sa position sur les bords de la rivière de Mandrarey, et de ses forces imposantes, brave les Français en se présentant revêtu du surplis et du bonnet carré du père Etienne. Quoiqu'il soit pénible de rapporter de tels faits, l'histoire ne peut cependant les taire, pour montrer où l'orgueil, la vanité, et une fausse idée de ses forces, peuvent conduire un chef d'expédition ; on fut obligé d'avoir recours encore une fois à Lacase, qui, à la tête de dix Français et de trois mille Androfaces, sujets de sa femme, repoussa Dian-Manoug, l'attaqua en personne, et porta un coup mortel à Nambazé, qui s'était rendu au secours de son chef. Dian-Manoug plus furieux que jamais, menace de nouveau les Français dont le nombre diminuait chaque jour. Par des relations avec ses voisins, il intercepte toute communication, et le Fort-Dauphin se trouve encore une fois dans la plus grande détresse.

Lacase toujours dévoué à la cause de son pays, trouve moyen de faire entrer dans la place cinq mille bêtes à cornes, malgré le voisinage d'une armée formidable commandée par Dian-Manoug, et dix-huit mille hommes sous les ordres de Dian-Ravas; pressé par le danger, Lacase attaque ce dernier, n'ayant avec lui que treize Français et deux mille Androfaces, le met en fuite, lui enlève vingt mille bœufs, cinq mille esclaves, et délivre encore une fois l'établissement du péril le plus imminent.

Le conseil de la Compagnie sentant enfin la nécessité de récompenser Lacase pour les services signalés qu'il avait rendus, et ceux qu'il pouvait rendre encore, le décora du grade de lieutenant et d'une épée d'honneur. Lacase, sensible à cette marque de bienveillance de la Compagnie, chargea M. Rennefort de la remercier, en lui demandant deux cents hommes pour faire la conquête de l'île, et réaliser les projets qu'il lui avait soumis; mais il arriva ici ce qui se voit encore assez souvent, c'est que l'intrigue, compagne de la vanité, l'emporta sur le mérite modeste. On préféra un grand personnage, sans la moindre connaissance du pays et du caractère de ses habitans, à un homme fait au climat, aux usages des naturels, et de qui l'on devait tout attendre.

Le marquis de Montdevergue, envoyé en 1666, avec le titre de commandant-général des établissemens au-delà de la ligne, arriva au Fort-Dauphin, le 10 mars 1667, sur une flotte de dix vaisseaux, dont un de trente-six canons, portant deux directeurs des Indes, un procureur-général, quatre compagnies d'infanterie, dix chefs de colonies, huit marchands et trente-deux femmes.

Montdevergue se fit reconnaître amiral et gouverneur de la France orientale; la flotte n'étant pas suffisamment approvisionnée, on eut recours à Lacase pour la faire subsister. Cet officier, toujours animé du même zèle, voyant la possibilité et l'importance de réconcilier Dian-Manoug avec les Français, lui fit obtenir le titre de prince de Mandrarey; cette marque de distinction flattant, non moins la vanité d'un prétendu sauvage, que celle des hommes civilisés, procura le serment d'obéissance et de fidélité de ce chef au gouverneur-général.

La paix régnait, les relations se rétablissaient, et tout paraissait devoir prospérer. Quatre années s'étaient déjà écoulées dans cet état de choses, lorsqu'en 1670, des vaisseaux de guerre arrivèrent sous le commandement de Delahaie, qui aussitôt se fit reconnaître amiral avec le titre de vice-roi. Il remplaça de Montdevergue, nomma Chamargon en second, et Lacase major de l'île. La Compagnie céda alors au roi la propriété de Madagascar.

La conduite du gouvernement envers de Montdevergue serait inconcevable, si l'on ne connaissait le pouvoir qu'ont de loin l'intrigue et la calomnie. Cette fois une aussi brutale destitution eut de funestes suites. La victoire de Delahaie sur son prédécesseur qui jouissait de l'estime générale par sa conduite humaine, causa non seulement la mort de celui-ci dans le château de Saumur, mais encore celle d'un grand nombre d'hommes et la destruction de nos établissemens. Le renvoi d'un gouverneur devint le signal de la calamité publique, tant il fallait de prudence et de modération dans cette colonie.

L'orgueil de Delahaie lui fit déclarer la guerre à Dian-Ramousaie, parce que ce chef n'était pas venu lui rendre hommage. Il donna ordre à Chamargon et à Lacase de désarmer le village de son ennemi. Mais ce chef, assisté des secours de ses voisins, opposa une si vigoureuse résistance, que treize cents hommes, dont six cents Français, qui l'avaient attaqué à l'improviste, furent obligés de battre en retraite. Le général, humilié de cette défaite, soupçonna Chamargon d'être jaloux du premier poste; et reconnaissant l'avantage que ce dernier avait sur lui par ses connaissances locales, il se retira honteusement du Fort-Dauphin et passa à Surate avec ses troupes.

Chamargon et Lacase, qui avaient déjà eu souvent à craindre la vengeance des naturels, ne purent cette fois y échapper. La mort du second suivit de près le départ de Delahaie, et l'autre survécut peu à son compagnon d'infortune. Il fut remplacé par Labretesche, gendre de Lacase. Le nouveau gouverneur était loin d'avoir les talens de son beau-père : voyant sa fausse position et l'impossibilité de mettre fin au trouble affreux dans lequel étaient plongés les Français et les insulaires, il prit le parti désespéré de fuir avec sa famille et quelques missionnaires sur un vaisseau qui était venu en relâche. A peine le navire était-il sous voile, qu'on aperçut à terre un signal de détresse. Le capitaine fesant mettre ses chaloupes à la mer, secourut et recueillit les malheureux Français échappés au massacre général.

Tel fut encore le déplorable sort d'une colonie qui paraissait offrir toutes les conditions de succès. Des opérations bien conduites auraient par la suite fourni à la France d'innombrables ressources. Le secret de cette fin tragique fut dans la fatalité des choix faits par la Compagnie et le gouvernement.

Le dégoût, suite naturelle de ces essais infructueux, fit renoncer aux projets de colonisation, et pendant soixante-quatre ans il ne fut plus question de Madagascar.

CHAPITRE III.

Nouveau projet d'établissement. En 1768, quatrième expédition. Beniouski s'établit dans le nord. Sa fin tragique. Pirates de Sainte-Marie. Gossey fonde une colonie détruite la même année. Bétie, Malgache; son jugement ; ses services envers notre cause. Pouvoir du soldat Labigorne sur les naturels. Nouveaux traités et nouvelles luttes. Longue paix. Les habitans du centre secouent le joug des peuples riverains. Les Anglais prennent l'Ile-de-France. Suites funestes pour nous de cette occupation.

En 1725, M. de Malesherbe dédia à M. le duc de Chaulnes, dont il sollicitait la protection pour former un établissement à Madagascar, un manuscrit et une carte de M. Robert. Mais les projets qu'il offrait restèrent sans exécution ; et ce fut seulement quarante-trois ans après qu'on se décida à faire de nouvelles tentatives.

En 1768, sous le ministère du duc de Praslin, M. Demodave fut, au nom du roi, prendre le commandement du Fort-Dauphin. Le plan tracé, plus en harmonie avec le caractère des naturels, prouvait qu'on reconnaissait enfin le vice des premiers essais. Il fut décidé qu'on rouvrirait des relations commerciales avec les différentes peuplades. En s'assurant leur amitié, tout se rétablirait sur le pied de paix. Avec leur assentiment on maintiendrait un fort plutôt pour la dignité du commandant que dans un but hostile. Enfin on devait, à l'aide de leurs dispositions en notre faveur, former des établissemens de culture, des manufactures. Il fut reconnu que l'Ile-de-France avait un grand besoin de Madagascar pour son alimentation, que cette île était en même temps d'une immense ressource pour le débouché de notre commerce; qu'ainsi on devait, pour la facilité des relations commerciales avec l'intérieur, travailler à des chemins, rendre les rivières plus navigables, former des ports pour le ravitaillement et l'approvisionnement des navires venant du large, donner surtout aux nouveaux habitans des chances de santé plus favorables par des travaux d'assainissement. Mais les premiers fonds accordés pouvaient-ils suffire? Le budget était de 40,000 fr. pour le personnel et de 33,548 fr. pour le matériel et les objets d'échange. On n'y comprenait pas, il est vrai, la solde des troupes tirées de l'Ile-de-France. L'insuccès de cette expédition a donc été dans l'insuffisance des ressources pour un plan trop vaste. En outre on eut encore à craindre de la part des naturels, lorsque après leur avoir solennellement promis de ne développer aucune force militaire imposante, on eut formé un camp, bâti des forts dans l'intérieur, etc. Il devenait dangereux de substituer la force, la ruse, le pouvoir arbitraire, à des traités justes ayant pour base la modération et la franchise.

M. Demodave, officier distingué, concevait que, malgré ses avantages comme point de consommation des denrées de France, lieu de relâche et de rafraîchissement pour les vaisseaux, comme moyen de défense pour protéger le commerce de l'Inde, Maurice était insuffisante. En effet, cette île ne pouvait s'alimenter elle-même, obligée de tirer tout de Madagascar, et sa population présentant de très-grands inconvéniens par l'esclavage.

Il trouvait des ressources immenses dans la variété des objets que Madagascar pouvait fournir à la métropole : tels que, le riz, le coton, la soie, des gommes, des résines, l'ambre gris, l'ébène, les bois de teinture et de construction, le chanvre, le lin, une excellente espèce de fer, le cristal de roche, l'étain, même l'or; outre ces approvisionnemens, les salaisons, les cuirs, le suif; enfin, ce qu'on pourrait introduire, le blé, la vigne, etc.

Une navigation assurée dans tous les temps, devait offrir des relations entre ces deux îles. Le Fort-Dauphin n'était déjà considéré que comme point provisoire, et l'on parlait d'explorer l'intérieur et de creuser un port à Faushère.

On eût aussi fait des distributions de terres à des familles européennes, augmenté les progrès de la culture, formé des ateliers en tous genres, et pour ouvrir un champ libre aux naturels, aboli l'esclavage. Les moyens de travailler fournis aux Malgaches, leur eussent offert une aisance, à laquelle jusque là ils n'avaient pu prétendre, soumis au joug soit de leurs chefs, soit des blancs.

Il est incontestable que par l'exécution de ce plan

tel qu'il était présenté, nous serions établis à Madagascar d'une manière immuable; la France n'aurait plus à redouter aujourd'hui l'influence d'un climat, dont la réputation exagérée fait échouer toutes les entreprises, manteau commode pour mettre à couvert une foule de faussetés ou de bévues; non que je veuille révoquer en doute l'insalubrité de ce climat: mais on verra plus tard qu'on a brodé sur ce sujet, et l'on connaîtra les causes véritables. Reprenons la suite des événemens.

A la même époque à peu près où M. Demodave formait son établissement au Fort-Dauphin, Béniouski fut dans la baie d'Antougil en fonder un second, après avoir capté la confiance du gouvernement français, trompé dans toutes les circonstances. Malgré les sommes immenses qui lui avaient été confiées, cet aventurier ne fit rien de bon, quand les mêmes fonds eussent sans doute suffi pour la réussite complète des projets de M. Demodave. Celui-ci ne demandait que 73,548 francs, et échoua par l'insuffisance de ces moyens. On aimait mieux alors faire passer à Beniouski les deux millions qu'il a dépensés sans résultats, d'après le rapport de MM. Debelcombe et Chevreau, qui visitèrent son établissement en 1775 et n'y trouvèrent que le désordre le plus grand, une perte de cinq cent vingt hommes sur six cents, par suite des maladies ou de guerres suscitées par l'esprit turbulent de ce despote, enfin l'éloignement de tous les naturels.

Les rapports mensongers avaient cependant donné en France une apparence de vérité à son verbiage, et une lueur d'espérance pour la réussite de nos établissemens. Les faits furent dévoilés par M. Poivre; et Béniouski, après avoir trompé le gouvernement français, essaya de nouvelles tentatives d'envahissement.

Il passe aux Etats-Unis, où son audace trouve quelques dupes; il détermine une expédition, monte sur un vaisseau et revient à la baie d'Antougil prendre possession de son nouvel établissement. Mais M. de Louillac, inquiété de la turbulence et des importunités d'un tel voisin, envoya, le 9 mai 1776, le navire de guerre *la Louise*, sous les ordres du vicomte de Lacroix, et soixante hommes du régiment de Pondichéry, commandés par M. Larcher, s'opposer aux entreprises et aux déprédations de Béniouski. Après avoir pris tous les renseignemens nécessaires, on effectua le débarquement. Le 23, l'attaque eut lieu, ses troupes furent mises en déroute, et une balle mit fin à sa vie désordonnée.

En considérant avec attention tous les événemens qui se sont pressés dans l'espace de cent vingt-quatre ans, on verra que nous n'avons fait que tourmenter inutilement des peuples paisibles; nos troubles ont accoutumé leur esprit aux dissensions, aux vices. Après avoir été forcés de se défendre contre nos vexations, ils ont retourné contre eux-mêmes nos armes et nos manœuvres. De là des guerres intestines, des divisions générales. Ils s'étaient formés à notre école. Des peuplades cherchant à se grandir, se décorèrent du nom de royaume. L'ambition des hommes entreprenans qui se mettaient à leur tête, n'avait déjà plus de bornes, et chacun d'eux voulait conquérir la province de son voisin. Ce qui révolte surtout le philanthrope, c'est que ces insulaires, qui vivaient en quelque sorte dans l'âge d'or, furent poussés par la soif du gain jusqu'à se vendre les uns les autres. Nous dira-t-on que c'est le résultat de leur brutalité? l'histoire de Madagascar nous éclaire là-dessus, comme on va le voir dans ce qui se rapporte à Sainte-Marie.

La fondation de cette colonie étant antérieure à tout ce qui reste à dire de la Grande-Terre, je crois important d'en faire mention ici pour suivre ensuite chacune de nos expéditions sur les différens points de Madagascar.

Depuis plusieurs années déjà, des pirates exerçaient leur brigandage dans les mers de l'Inde, lorsqu'en 1731 plusieurs nations réunies les poursuivirent. Ils résistèrent pendant quelque temps, prirent devant Bourbon un navire portugais de trente canons, où étaient le comte de Mécéira et l'archevêque de Goa ; mais leurs efforts étant impuissans, ils furent obligés de chercher un abri. Sainte-Marie devint leur point de refuge et de ralliement. Leur flotte ayant été en grande partie ou détruite ou incendiée, ils cherchèrent à gagner l'amitié des naturels, contractèrent des alliances et s'établirent d'une manière stable parmi des hommes d'un naturel tellement doux, hospitalier et confiant,

2*

que leurs filles, leurs biens et leurs maisons, tout fut mis à la disposition de ces vagabonds. Chez des hommes doués de quelques qualités, une pareille position eût été vivement appréciée, et chacun d'eux eût cherché à en augmenter les charmes. Mais que peut-on attendre de gens habitués à vivre de rapines et de brigandage? Leur vie aventureuse ne réclame pas de douceurs, il n'est pour eux qu'une jouissance : celle de l'abondance et du désordre. Aussi leur présence fut-elle bientôt un fléau dans le pays. Ils cherchèrent à semer la discorde parmi les naturels; mais sur un si petit point les guerres ne pouvaient être de longue durée. Ce théâtre n'offrant aucune chance de succès à leurs perfides desseins, ils soulèvent les peuples du littoral, Antavares et Manivoulois, contre les Bétanimènes, les engageant à vendre leurs prisonniers ; ce qui fut fait contre tous les principes religieux de ces peuples. Mais la soif des richesses qu'on avait su leur inspirer, leur fit oublier les usages sacrés des ancêtres; et alors ce village devint un marché de l'espèce humaine, dont le principal dépôt était à Sainte-Marie.

Pour entretenir cette branche infâme de commerce, qu'on eût dû étouffer dès son origine, ces mêmes forbans apportaient en échange des munitions de guerre et des pièces d'étoffes aux différentes peuplades chez lesquelles ils avaient le bon esprit de faire naître des désirs, tout en alimentant le flambeau de la discorde.

Il y avait déjà vingt-trois ans que ce commerce durait, lorsque Tamsimalo, petit-fils d'un chef puissant, qui avait donné sa fille à un de ces fameux corsaires, prit la souveraine puissance à Sainte-Marie, à la mort de son père, en 1745. Sans avoir rien fait d'extraordinaire, sa mémoire resta cependant vénérée, et ses cendres furent respectées.

Jean Harre, son fils, lui succéda vers 1753; mais son inconduite lui ayant attiré le mépris de ses sujets, et son pouvoir étant par cela même très-restreint, il se retira à Foulepointe, laissant le gouvernement à sa mère et à sa sœur Bétie.

En 1754, la Compagnie des Indes espérant tirer un parti avantageux de Sainte-Marie, envoya Gosse y former un établissement. Ce chef, qui avait sans doute quelques notions des usages du pays, fit à son arrivée une cérémonie à laquelle il invita Bétie; mais manquant aux égards que l'on doit à l'âge et à l'influence, il commit une grande faute en oubliant la veuve de Tamsimalo, mère de cette jeune princesse malgache. Il ignorait sans doute qu'avoir offensé l'amour-propre d'une femme est souvent un mal irréparable; en effet, dès ce moment la vengeance fut préméditée et ne tarda pas à éclater. L'imprévoyance de Gosse en fut la seule cause; car il lui eût été plus facile de prévenir la révolte des naturels, que la diminution de la garnison par l'effet des maladies : Sainte-Marie était déjà considérée comme le cimetière des Français. On n'y envoyait, il est vrai, que ceux dont on n'avait point à regretter la perte. Cependant l'intention de la Compagnie étant de donner une assez grande importance à ce point, Gosse devait agir avec la plus grande réserve et la plus grande circonspection.

Plusieurs fois déjà Bétie avait fait échouer les projets formés contre les Français ; mais la veuve de Tamsimalo accusant Gosse d'avoir troublé les cendres de son mari et enlevé les richesses enfermées dans son tombeau, il n'en fallut pas davantage pour soulever la masse du peuple, et lui faire porter les armes avec un acharnement incroyable contre les Français. Leur perte étant donc résolue, l'incendie de l'établissement et le massacre eurent lieu le 24 décembre 1754.

La Compagnie, instruite d'une pareille catastrophe, envoya de l'Ile-de-France un vaisseau pour venger l'outrage fait à la nation. Plusieurs villages furent incendiés ; un grand nombre de pirogues pleines de naturels détruites, et la veuve de Tamsimalo tuée en cherchant à gagner la baie d'Antougil. La pirogue dans laquelle Bétie fuyait avec plusieurs des siens, fut prise. Cette jeune Malgache fut conduite à l'Ile-de-France, se justifia en faisant connaître sa position difficile parmi les insulaires, à cause de son attachement pour les Français.

Ses juges, convaincus de son innocence, la renvoyèrent à Jean Harre, son frère, avec des présens considérables. Cette conduite généreuse fut bientôt reconnue par Bétie, qui, à son arrivée, devint médiatrice entre les naturels et les Français. S'associant

Labigorne, soldat de la Compagnie des Indes, elle rétablit le commerce interrompu par le départ des naturels, réfugiés dans l'intérieur à la suite de l'affaire de Sainte-Marie.

Labigorne ayant appris la langue malgache, acquit par sa franchise l'affection des naturels et même de l'empire. M. Poivre fut témoin, en 1758, de son influence, et assista à un cabare (et non palabre qui n'est pas malgache) que Labigorne interpréta en supportant difficilement les expressions fermes des naturels, que M. Poivre vit avec plaisir, et après lequel le traité de paix fut ratifié. La cérémonie d'usage annonçant la solennité, et la force du serment prêté étant terminée, on fit tuer trois bœufs, on délivra du riz pour six cents hommes, et pendant tout le temps cet approvisionnement fut entretenu. Ce qui surprit beaucoup M. Poivre, fut le talent que possédait Rahéfin (orateur malgache) dans l'art d'émouvoir et de fixer l'attention, tant par ses gestes que par ses grimaces, toujours en harmonie avec ses paroles.

Labigorne, qui connaissait la fourberie et l'ascendant de ce Rahéfin, le gagna par des présens et des égards avant que le cabare eût lieu, d'abord en particulier, ensuite devant les chefs, entre autres Jean Harré.

D'après le rapport satisfaisant de M. Poivre, Labigorne, qui n'était d'abord qu'interprète, fut nommé gérant de la Compagnie pour tous les approvisionnemens et sous les ordres du gouvernement de l'Ile-de-France.

Labigorne s'était toujours conduit avec sagesse et intelligence, lorsqu'en 1762 il fut rappelé à l'Ile-de-France pour avoir fait la guerre à *Jean Harre*. Après de vains et pénibles efforts pour maintenir la paix à Foulepointe, il ne put se dispenser de soutenir hautement plusieurs chefs puissans, alliés des Français, qui avaient à se plaindre des déprédations et des violences de Jean Harre. Les ennemis de cet ambitieux prièrent Labigorne de prendre le commandement de leurs troupes ; à quoi il consentit, mais à la condition qu'il ne s'exposerait point au feu. Le consentement étant unanime, il leur fit faire quelques manœuvres très-simples, et marcha à l'ennemi. Arrivé en présence, il défendit de commencer sans son ordre, reconnaissant la supériorité du nombre dans l'armée de Jean Harre, contrebalancée par le désavantage de sa position. Ce dernier, attaquant vigoureusement, fut repoussé, et ne trouva de salut que dans la fuite. Dès qu'il sut que Labigorne était à la tête de ses ennemis, il sentit son infériorité, mais jura de le perdre en interrompant le commerce de Foulepointe. Il se retira à la baie d'Antougil, intercepta les communications, et ce qu'il avait promis eut lieu. Les navires français se trouvèrent dans la dure nécessité de s'en retourner à l'Ile-de-France dans l'état le plus déplorable. Au départ de Labigorne, Jean Harre étant revenu à Foulepointe, le commerce reprit son ancienne activité.

Après de nombreuses guerres, Jean Harre fut tué

en 1767, par les Manivoulois; ses dépouilles servirent à enrichir ses ennemis et à augmenter leur puissance. Son fils Javi, qui lui succéda, n'eut qu'une faible partie des possessions paternelles; et son règne n'offrit rien de remarquable, par le défaut d'énergie de son caractère et son peu d'esprit naturel.

A la mort de Jean Harre, le gouvernement ayant repris possession de ses provinces de l'est, M. Poivre, qui venait d'être nommé à l'intendance des îles de France et de Bourbon, renvoya Labigorne à Foulepointe: les circonstances y réclamaient sa présence. Sa probité, qui l'avait rendu l'arbitre de tous les naturels dans leurs différens, lui valut à son retour des témoignages d'estime et d'amitié.. Il rétablit la paix dans le nord ainsi que le commerce, qui était une des principales attributions de son emploi.

Cet heureux temps existait encore lorsque M. le commandant Hamelin fut envoyé à Foulepointe pour mettre fin aux différens entre Tsasa et Tsialam, qui causaient de l'interruption dans le commerce. Avant sa mort, Tsaravola, chef puissant qui avait sous sa domination les provinces de Tamatave et de Foulepointe, partagea ses biens entre ses deux fils, donna Foulepointe à Tsasa, et Tamatave à Tsialam. Le premier, mécontent de son lot, déclara la guerre à son frère, pour lui arracher quelque concession. Ce dernier, reconnaissant la supériorité de Tsasa par son courage et le nombre de ses sujets, implora le secours du gouvernement de Maurice. Le général Decamp ayant appris que le commerce souffrait beaucoup par la conduite du chef de Foulepointe, qui interceptait les communications de l'intérieur avec Tamatave et coupait les vivres à cette province, envoya contre lui deux frégates et une corvette, commandées par M. Hamelin. Les navires embossés devant Foulepointe canonnèrent le Toubi ou fort Malgache entouré de palissades très-rapprochées et entre lesquelles des meurtrières avaient été percées. Pendant ce temps quatre cents hommes débarquèrent et marchèrent sur le fort, dont la prise coûta une trentaine de soldats et un élève de marine, les blessés non comptés. La perte de l'ennemi fut évaluée à douze cents hommes sur trois à quatre mille environ qui s'étaient retranchés dans cette enceinte fermée de trois côtés. Par une combinaison fatale de défense, le seul côté ouvert et favorable pour la retraite donnait sur la rivière *Ranotartassi*. Il est probable qu'il y périt un grand nombre des vaincus, soit par l'affaiblissement que leur causaient leurs blessures, soit par la voracité des caïmans très-nombreux dans cette large rivière; trente-sept seulement tombèrent au pouvoir des vainqueurs et furent vendus à Maurice, au bénéfice des blessés et des familles de ceux qui avaient succombé dans cette expédition. Tsasa ne trouva de salut que dans la fuite, et se réfugia dans l'intérieur avec les débris de ses troupes. Pour prévenir de nouvelles tentatives de guerre, on fortifia Foulepointe et Tamatave de six pièces de vingt-quatre sur chaque fort;

on y mit une garnison qui pouvait être renforcée au besoin de quatre cents Français occupant alors ce dernier point.

Le succès de nos armes imprima un nouveau mouvement au commerce. Tout respirait l'abondance et le bonheur; les principales branches d'industrie étaient le riz, la gomme copale et les noirs. C'était surtout de la province d'Emirne qu'on retirait le plus de ces malheureux. Ces hommes, que les Ambinivoules et les Bétanimènes nommaient amboa-lambo, « chien de cochon, » étaient les noirs les plus recherchés pour leur beauté; mais long-temps relégués dans l'intérieur et sans défense, ils trouvèrent le moment de secouer le joug odieux des Malates; la gloire en est à Dian-Ampointe, qui transmit à ses enfans des idées générales qu'accomplit son petit-fils Radama. Nous le verrons plus tard, parvenant à faire de son peuple une masse de guerriers redoutés de tous, même des Européens.

L'état prospère de notre position ne dura que quarante ans environ, sauf quelques événemens passagers comme l'expédition rapportée ci-dessus. Les îles de Bourbon et de Maurice durent leur fortune à cet heureux état de choses. En 1810, l'Angleterre, toujours jalouse de nos succès et alarmée par les pertes nombreuses que les officiers très-distingués de notre marine faisaient éprouver chaque jour à son commerce, forma un projet de débarquement à l'Ile-de-France. Cette immense expédition, affaire décisive pour sa position dans l'Inde, la rendit maîtresse absolue de cette mer.

Son séjour sur ces nouveaux points lui fit bientôt sentir l'importance de Madagascar. Mais au lieu de jeter des établissemens sur le littoral, elle envoya des agens politiques et des missionnaires dans l'intérieur. Ainsi, sans risque de guerre, sans crainte de frais perdus, elle essayait sous nos yeux son influence et se ménageait la conquête par les indigènes eux-mêmes.

CHAPITRE IV.

Traité de paix de 1815. Les Anglais echouent dans un essai de colonisation au port Louquez. Influence politique de cette puissance dans l'intérieur. Radama. Son ambition. Il prend le titre de roi de Madagascar. En 1819, envoi de troupes nouvelles. Expédition de 1821. Pertes considérables. Impéritie du commandant, M. Silvian Roux. Conquête de Radama.

Lorsque par le traité de 1815 l'île de Bourbon nous fut rendue, l'Angleterre ne contesta point nos droits sur Madagascar; elle en connaissait trop bien les désavantages. En outre, possédant Maurice, il lui serait toujours facile de s'emparer de tous nos travaux sur cette espèce de continent. Les premières tentatives d'établissement qu'ils firent sur le littoral depuis la prise de l'Ile-de-France, eurent pour objet la colonisation du port de Louquez, que leurs explorateurs représentaient comme un lieu sain. En 1815, ils envoyèrent une petite expédition. A peine établie, cette poignée d'Anglais mécontenta tellement les indigènes par son orgueil, ses prétentions et ses libertés auprès d'un sexe dont le Saclave est très-jaloux, qu'elle fut mise en pièces.

Loin de se rebuter de ce mauvais succès, M. Farqhuart porta ses vues plus haut. Informé qu'il existait dans l'intérieur un prince puissant et ambitieux, il conçut le projet de l'attacher à sa cause par les avantages de la civilisation, d'alimenter en lui la soif des conquêtes, de le pousser à la possession de l'île entière, de le reconnaître pour roi de Madagascar; ce roi de sa création devait être l'ennemi naturel de nos droits.

Ce plan, vraiment anglais, qui consistait à en pousser un autre en avant et à se montrer après la victoire, présentait des difficultés; il y avait des préjugés à étouffer. Radama, en rapport de commerce avec les Français, éprouvait une sorte de répugnance à s'unir aux Anglais; il est probable que si à cette époque nos agens eussent reçu mission de contrebalancer à la cour de Radama l'influence anglaise encore à sa naissance, il est probable, dis-je, qu'on eût aisément mis ce prince en garde contre une nation qui a toujours vendu si cher sa protection et ses services.

Cette mission fut projetée et allait avoir lieu. Mais, on rougit de le dire, une misérable économie d'un millier de piastres la fit ajourner. On la confia plus tard à un jeune naturaliste, M. Havet, qui, guidé par l'amour des sciences et non par celui du gain, se contenta de la modique somme qu'on lui offrit pour discuter à la capitale des Hovas les intérêts de sa patrie. Mais une mort prématurée l'empêcha d'arriver à sa destination. Par-là, nos projets échouèrent encore une fois, quand la France eût pu s'épargner beaucoup de pertes et éviter bien des démarches fausses et des humiliations.

Dès ce moment les Anglais marchèrent à grands pas en avant. Radama, proclamé par eux roi de Madagascar, prit ouvertement ce titre; et nous ne pûmes plus nous présenter chez ce prince sans compromettre nos droits en reconnaissant les siens, et sans blesser son orgueil en lui accordant moins que nos rivaux.

Cependant des agens étaient partis de France et de Bourbon. M. Silvani Roux, entre autres, était retourné à Tamatave. En 1819, M. Caronjou et Albrom se rendirent à Sainte-Marie, l'un en qualité de commandant du poste, où il avait quelques soldats pour la garde du pavillon; l'autre, pour former des propriétés agricoles. Un officier fut aussi envoyé au Fort-Dauphin, comme le premier, avec une poignée d'hommes pour faire respecter notre bannière. Les naturels du littoral, inquiétés par les vues ambitieuses de Radama, ne nous virent pas sans plaisir rentrer dans l'exercice de nos droits. Les chefs s'empressèrent de ratifier les actes publics faits à cette occasion sur les trois points déjà cités et à Tintingue. Ces actes furent omis à Foulepointe dans la crainte d'éveiller l'attention du gouvernement de Maurice, qui entretenait avec ce point des relations commerciales assez suivies. Mais cette condescendance, dont l'expérience a d'ailleurs démontré l'inutilité, n'infirmait nullement nos anciens droits constatés par la pierre de possession qui existe encore à Foulepointe.

Dans cette même année, la corvette de charge *le Golo*, commandée par M. le Baron Malaud, fut explorer différentes parties de la côte, principalement Tamatave, Foulepointe, Sainte-Marie et Tintingue. Après avoir levé le plan de ce dernier port et des lieux environnans, cet officier prit M. Silvian Roux qui emmenait avec lui en France de jeunes princes malgaches; l'un était Berora, petit-fils de Jean René, grand chef de la province de Tamatave et Foulepointe; l'autre Mandi-Tsara, petit-fils du fameux Tsi-Famir, possesseur de Tintingue et dépendances. Le but dans lequel on conduisait chez nous ces deux jeunes gens était trop sage et trop politique pour qu'on trouve à y redire. Mais a-t-il été rempli? c'est là que gît la question. Je crois que leur mentor travaillait trop d'abord pour son propre compte, et que son ambition personnelle paralysa l'effet d'une démarche habile. En effet, pendant son séjour dans la capitale, il ne s'appliqua à faire ressortir les grands avantages offerts par Madagascar que pour obtenir titres et fortune. Cette fortune, ses travaux à Tamatave la lui eussent plutôt acquise, s'il n'eût pas dissipé ses fonds avec une prodigalité égale à la facilité qu'il avait eue de les acquérir. Son amour-propre voulait être satisfait. En recevant le titre de commandant des établissemens français et les insignes de capitaine de vaisseau, il ne comprit pas la grandeur des devoirs qu'il s'imposait. La corvette de charge *la Normande* est armée, mise à la disposition de M. Silvian Roux et commandée par

M. Vergos. Deux cents hommes de toutes professions sont embarqués et 100,000 francs destinés à la fondation de la nouvelle colonie. La corvette n'était pas sortie du port que déjà une partie de ces fonds étaient détournés pour les besoins particuliers du commandant. L'argent était en barils de 5,000 francs en pièces d'un et deux francs. Deux furent mis à la disposition de M. Silvian Roux et ouverts en rade de Brest.

Sans nous arrêter sur une foule d'abus et d'actes reprochables, il en est qu'on doit signaler pour prouver l'impéritie de ce gouverneur improvisé. Un homme qui avait passé plusieurs années à Madagascar, être assez imprévoyant, assez inconséquent pour venir fonder un établissement à Sainte-Marie sans être pourvu des moyens de garantir ses subordonnés des injures du temps! Et vouloir surtout entreprendre des travaux de défrichement au commencement de l'hivernage! Etait-ce folie ou mauvaise volonté? vraiment, on ne sait.

On passa près de deux mois sur la côte de Madagascar s'occupant d'y acheter des esclaves pour le gouvernement et les particuliers. Ainsi trois cents et quelques hommes étaient confinés à bord d'un navire de huit cents tonneaux. Afin d'opérer au plus vite, on fait évacuer le village maldache d'Ambarisomontes ; on défriche, on s'adjoint les naturels pour construire de misérables cases, impuissans abris contre la chaleur et l'humidité. L'îlot paraissant un point très-avantageux de fortification, on le dépouille de tous les végétaux qui le couvraient ; mais que résulta-t-il de tout cela ? des fièvres ardentes qui se déclarèrent parmi les Européens, exposés si long-temps à de fortes chaleurs et aux émanations méphytiques qui s'élevaient de terrains marécageux. Dans l'espace de quatre mois on perdit plus de deux cents hommes (1). Le navire lui-même, qui était le séjour le plus supportable, devint un tel foyer d'infection qu'on fut obligé de l'évacuer. On l'introduisit dans le port de Sainte-Marie où il servit pendant quelque temps encore d'hôpital.

Cependant, il n'entrait pas dans les vues du gouvernement de fixer à Sainte-Marie le chef-lieu de l'établissement. D'après la proposition même du fondateur, Tintingue devait être le principal point ; on y formerait un port, et Sainte-Marie deviendrait une simple succursale. Mais il fallait se sentir les moyens d'exécuter ce plan. M. Roux avait en outre à lutter contre l'opposition des Hovas ; et malgré le courage qu'il avait montré dans la défense de Tamatave contre une frégate anglaise à l'époque de la prise de Bourbon, le commandant perdit, à ce qu'il paraît, son esprit guerrier. Il préféra jouir en paix, sur un point isolé à Sainte-Marie, de sa position avantageuse pro-

---

(1) D'après le relevé que j'ai fait, tant par les cahiers de visite, que par le registre des extraits mortuaires.

curée par l'intrigue, s'entourant de quelques beautés faciles qui avaient quitté certains quartiers de la capitale pour le suivre, lui et divers employés.

Les pertes dans le personnel et le triste état de ceux qui avaient survécu à leurs compagnons empêchèrent la reprise des travaux; le matériel n'offrait plus de ressources; tout s'en allait à l'abandon.

Les choses en étaient là (et ne pouvaient être plus mal), lorsqu'en 1822 on eut avis qu'un parti hova venait de paraître sur la côte et s'était établi sur la pierre même qui constate la souveraineté de la France. — « Aucun droit, aucune prétention antérieure ne légitimaient, n'excusaient même un tel envahissement, dit M. Albrom. Il n'y avait, ce semble, qu'un parti à prendre, ajoute-t-il. La force ne nous manquait pas : nous avions sur la côte de Madagascar une division navale suffisante pour rejeter les Hovas dans l'intérieur. Il fallait rassembler les naturels, mettre des officiers à leur tête, reprendre Foulepointe avec leur concours, y rétablir l'autorité du chef Betsimesaras et lui en remettre la garde et la défense, etc. »

Je crois qu'ici l'auteur se trompe, d'abord sur la suffisance de nos moyens, ensuite sur la possibilité d'y maintenir des forces assez imposantes pour empêcher les Hovas d'en chasser les Betsimesaras qu'on aurait rétablis. La peuplade ennemie avait déjà acquis une supériorité très-grande sur les autres, et trouvait chez les Anglais des ressources que nous n'étions pas disposés à fournir à nos partisans. De pareils aveux sont pénibles, mais la vérité veut être dite entièrement : les faits prouveront de plus en plus toutes ces assertions.

« Rassurés par notre inaction, les Hovas, qui semblaient n'avoir voulu que sonder le terrain, s'enhardirent jusqu'à contester pour la première fois à la France ses droits à la possession d'une partie quelconque de Madagascar, et leur agent Rafarla en revendiqua officiellement, pour son chef, la souveraineté exclusive et entière. Il est à observer qu'à cette époque les Hovas ne possédaient de fait sur les côtes que Foulepointe et la province des Bétanimènes.

« Cette téméraire déclaration n'ayant pas même provoqué de notre part l'apparence d'une mesure de vigueur, les Hovas n'hésitèrent plus à donner la réalité de la force aux droits imaginaires qu'ils venaient de se créer. En conséquence, ils marchèrent sur la pointe à Larrée, s'emparèrent de Tintingue, soumirent à leur puissance tous les chefs qui s'étaient reconnus vassaux du roi de France, et accompagnèrent ces actes hostiles d'ironiques protestations d'amitié pour les Français. Je passe sous silence, dit encore M. Albrom, le pillage des approvisionnemens de la garnison de Sainte-Marie : ces insultes ne peuvent être comptées au milieu d'actes si attentatoires à la souveraineté de la France.

« Nous protestâmes enfin contre tant de violences et contre ce prétendu titre de roi de Madagascar, qui servait de motif et de prétexte. » Je crois que cette mesure était imprudente ; car pour contester les droits bien ou mal acquis d'un souverain, il faut en imposer par la force, et certes, à cette époque, Sainte-Marie se trouvait moins que jamais dans cette position. Suivons l'auteur.

« Dans cette démarche tardive, l'administration de Sainte-Marie prit sur elle de revendiquer enfin nos droits négligés sur Foulepointe. La protestation du commandant de l'île, portée à Radama par la goëlette *la Bacchante*, parut un moment inquiéter ce prince sur les conséquences de son entreprise. Il chercha à entrer en négociations et désira avoir une entrevue avec le commandant de Sainte-Marie. On pouvait profiter de ce moment de crainte pour faire sentir à Radama tous ses torts et l'amener à un accommodement. Mais il fallait des instructions précises pour diriger la négociation ; il fallait être autorisé à concéder quelques parties de nos droits. Il fallait enfin une démonstration quelconque de force à l'appui de nos paroles. Privé de moyens et d'instructions, le commandant de Sainte-Marie dut se borner à envoyer un agent à Foulepointe dans la seule vue d'éviter le reproche d'avoir repoussé un accommodement, mais convaincu d'avance de toute l'inutilité d'une telle mission. »

Quant à l'inquiétude que Radama a pu prendre de nos protestations, je ne la suppose pas très-grande. Il était d'un caractère hardi, et connaissait parfaitement nos ressources. On peut supposer que M. Albrom a vu les événemens avec des yeux prévenus, indigné qu'il était de la fausse position de son gouvernement dans un pays éloigné, et un peu lésé aussi dans ses intérêts privés, par la gêne que le commerce éprouvait. Du reste, je sais de bonne part que Radama, moins coupable qu'on ne le pensait, a été poussé par une main cachée à agir arbitrairement. Ce qui le prouverait, c'est ce que dit plus loin le même auteur :

« Cette mission eut lieu, et les effets répondirent à l'attente ; l'envoyé de Sainte-Marie ne fut pas même reçu, et Radama, bien convaincu qu'il s'était mal à propos alarmé de paroles que nul effet ne devait suivre, se contenta de répondre à notre protestation par une note assez bizarrement rédigée, calquée pour la forme sur celle qui lui avait été adressée, et au fond remarquablement insignifiante.

« Il eût été utile de publier alors ces deux pièces, et parce qu'une protestation n'a d'autorité qu'autant que la date en est publiquement fixée, et afin de concilier à notre cause dans une question si peu douteuse, toute la force que donne au droit l'assentiment de l'opinion publique.

« M. le Gouverneur de Bourbon en jugea autrement, et les choses sont encore aujourd'hui dans cet état, que l'opinion de Bourbon et de Maurice à peine informée de la vraie cause de nos débats, les regarda presque comme une querelle obscure et personnelle entre les habitans de Sainte-Marie et ceux de Foulepointe. »

Il est vrai qu'à cette époque le gouvernement de Bourbon considérait à peu près comme inutile l'établissement de Sainte-Marie ; ou du moins son insouciance à cet égard semblait le faire croire. D'autres causes sans doute empêchèrent d'agir autrement, et d'employer les moyens de rigueur proposés par M. Albrom.

Sur ces entrefaites, M. Silvian Roux mourut et fut provisoirement remplacé par M. Albrom. Quelques mois après M. Blevec, capitaine du génie, fut envoyé de Maurice où il était en congé, pour prendre le commandement de la chancelante colonie. Cela se passait en 1825. Mais les fréquentes indispositions de cet officier causèrent des mutations dans son poste occupé alternativement par M. Giraud en 1826, et Carajon en 1827 et une partie de l'année suivante. Ces trop nombreux changemens affaiblissaient la marche de l'administration ; la volonté n'était plus une ; de là un relâchement général et un long état de langueur.

Loin de chercher à utiliser les naturels, puisqu'on manquait de bras européens, on fit des économies sur les fonds accordés, en laissant tout dans l'état d'inertie le plus condamnable. Cependant MM. Albrom et Carajon, qui avaient formé deux habitations, l'une dans le sud, plantée de café, de girofle, etc., et l'autre dans le nord pour la culture des cannes, trouvèrent moyen d'accélérer leurs travaux. Des digues en forte maçonnerie, des charpentes en bois équarri s'élevaient de jour en jour sur cette dernière habitation, quand il y avait à peine des chantiers dans l'établissement militaire et des magasins pour la conservation des approvisionnemens. Les ressources étaient pourtant les mêmes ; les résultats devaient partout être aussi favorables. Non, la fatalité singulière qui semblait planer sur Sainte-Marie la mettait toujours entre des mains insouciantes ou inhabiles ; les commandans n'obéissant qu'à leurs intérêts propres, voyaient les choses en petit. De leur part, nul effort soutenu : il fallait un grand danger pour les tirer de leur stupeur. Cette fois la position de la colonie devint tout-à-fait inquiétante. Voyons ce qu'en disait M. Albrom dans son mémoire :

« Cependant Radama avait soumis à son joug toute la côte des Betsimisaracs, et un poste militaire, établi par lui vis-à-vis Sainte-Marie, semblait surveiller tous nos mouvemens. Notre protestation demeurée sans effet, l'abandon de nos alliés à la colère du vainqueur, la nécessité où nous nous étions trouvés pour subsister de rouvrir nos relations avec la Grande-Terre, et d'y subir la protection de ceux qui venaient de nous en chasser, enfin la défense faite par les Hovas aux naturels d'engager un seul noir au service de Sainte-Marie, toutes ces causes avaient déjà compromis notre considération, et fait presque croire à l'abandon de nos droits, lorsqu'un nouvel et dernier outrage vint nous apprendre qu'il n'y avait que honte et dommage à attendre du système déplorable où nous étions entrés,

« S'il existait à Madagascar un point dont la possession nous fût légitimement acquise et par l'origine de nos droits et par l'ancienneté et la notoriété de l'occupation, c'était assurément le Fort-Dauphin. Il était difficile de penser que Radama portât ses prétentions jusque sur une contrée où n'avait paru aucun Hova, et avec laquelle ce prince n'avait eu jusqu'à présent aucune communication directe ou indirecte. On était d'autant plus fondé à croire à ce respect de sa part, qu'il avait souvent répété lui-même qu'il ne se serait pas établi à Foulepointe, s'il avait trouvé ce point occupé par les Français.

« Ce ne fut donc pas sans un vif sentiment d'indignation qu'on apprit, au mois de mars 1825, qu'un corps hova s'était porté sur le Fort-Dauphin, qu'il avait fait prisonnier l'officier français qui commandait ce poste, forcé la garnison à se réfugier sur un îlot voisin, et abattu outrageusement le pavillon du roi.

« Un tel abus de forces ne laissait en question que les moyens de le punir, lorsqu'une circonstance dès long-temps prévue vint offrir à la France l'occasion la plus favorable de venger ses injures et de rétablir ses droits. »

L'auteur veut parler ici du passage d'une corvette de guerre. Mais nos forces maritimes et militaires combinées n'étaient-elles pas insuffisantes contre les Hovas? Puis leurs ressources en munitions et approvisionnemens surpassaient les nôtres. Enfin une guerre déclarée par nous pouvait porter ombrage à nos puissans voisins de Maurice. Ceux-ci tenaient les yeux constamment fixés sur un point dont ils connaissaient l'importance. N'achetaient-ils pas à tout prix leur influence sur les naturels? Il ne faut donc pas croire avec M. Albrom que nous eussions pu rentrer alors dans la libre possession de nos biens à moins de forces considérables.

« Les chefs betsimisaracs, demeurés secrètement fidèles à la France, n'attendaient depuis long-temps qu'un signal de notre part pour prendre les armes, lorsque tout d'un coup, au mois de juillet 1825, impatiens de notre inaction, ils secouèrent spontanément le joug, et après avoir égorgé les postes hovas établis sur la côte, se portèrent en force à Foulepointe.

« La circonstance était décisive. Le mouvement qui venait de s'opérer était lié à un soulèvement général de l'île contre les Hovas. Au nord, au sud, au Fort-Dauphin, à Bombétoc, au cap de l'Est, les peuples étaient en armes. Notre politique et notre devoir étaient évidemment de nous mettre à la tête d'un mouvement aussi considérable, de l'activer de toutes nos forces disponibles et de notre influence morale, de contraindre Radama à la paix, de rétablir avec nos droits l'indépendance des peuples de Madagascar, et de fonder ainsi notre pouvoir sur une vaste et puissante communauté d'intérêts.

« Ce plan n'était ni compliqué, ni dispendieux. Mais il demandait à être adopté sans retard et exécuté avec fermeté. Il fallait avant tout l'autorisation et le concours de Bourbon : on se hâta de solliciter l'un et l'autre. La réponse se fit attendre, et les événemens marchèrent. »

Les chefs betsimisaracs, qui, par la même raison, perdaient du temps à délibérer sur les moyens de soutenir une guerre si cruellement déclarée, n'avaient personne capable de les diriger. Leurs approvisionnemens les eussent trahis. Quant à Radama, outré d'un pareil échec, il résolut leur perte en formant un plan de campagne qu'il mit à exécution en 1826. Après avoir attaqué les Saclaves à plusieurs reprises sans avoir pu les soumettre entièrement, ayant même éprouvé des pertes considérables, il se replia sur la côte de l'est jusqu'à Tintingue. Là il éprouva, de la part du brave chef Tsiphanin, une vigoureuse résistance. Celui-ci nous avait fait, depuis peu, la concession de cette contrée, comptant sur les bonnes dispositions que manifestait le gouvernement en faveur de son petit-fils *Mosndi Tsara*, qui avait commencé son éducation en France. Ce chef, dis-je, ayant arboré le pavillon français, jura de le défendre jusqu'au dernier moment. Accablé par des masses, il se replia avec sa poignée d'hommes, et après une longue résistance sur la pointe Larrée, où il soutint un nouveau combat, dans lequel il fut tué avec la majeure partie des siens, ce défenseur de notre cause tomba criblé de coups de lances, dans la petite rivière que l'on trouve à peu de distance du rivage sur cette pointe sablonneuse. Ceux de ses soldats qui purent échapper au massacre, se réfugièrent à Sainte-Marie. En ce moment la colonie se trouvait dans une position tout-à-fait difficile, et cette fois les craintes d'une attaque étaient fondées. En effet Radama, qui était redevable envers le parti anglais des moyens que cette nation avait bien voulu lui fournir pour la guerre, avait pour principal guide de son expédition Hastée, qui, de simple sous-officier au service de Maurice, était devenu officier-général et conseiller du héros de Madagascar. Pendant leur séjour à Tintingue, il lui conseilla de faire venir des pirogues à la pointe Larrée pour opérer un débarquement à Sainte-Marie, et chasser de cette île les Français, qui étaient les auteurs de tous ces désordres, et qui tôt ou tard causeraient sa perte. Cette idée parut lui sourire d'abord ; mais arrivé au lieu d'embarquement, ayant eu ce nouveau combat à soutenir, dans lequel il perdit encore beaucoup de monde, et n'ayant trouvé aucun moyen de transport, il fit route à petites journées vers Tamatave.

Les huit à dix jours qu'il resta en vue de Sainte-Marie furent autant de jours de terreur pour cette colonie. Une autre cause d'inquiétude, c'est qu'à la même époque une petite flotte anglaise, sous le commandement du commodore Owen, faisait le relèvement de tout le littoral de l'île. Or, si l'on en croit les on dit du pays, quelques navires transportèrent sur plusieurs points les troupes de Radama, pour faciliter leur expédition. N'ayant pas trouvé à la pointe Larrée les moyens de transports pour opérer le débarquement à Sainte-Marie, l'agent anglais qui avait conseillé de terminer ainsi la guerre, fit espérer au roi qu'aussitôt leur arrivée à Foulepointe une des corvettes britanniques prendrait autant de troupes qu'il voudrait, et les jetterait sur cette île. Trompé dans son attente par le refus formel du commodore, qui lui fit sentir la gravité d'une pareille violation du droit des nations, Radama vit clairement qu'il était trompé par son conseiller et lui ôta sa confiance. Mais sa position ne lui permettait pas de lui montrer ses projets d'éloignement, il se contenta en attendant une circonstance favorable de se tenir sur la réserve.

Après avoir soumis toute la côte comprise entre Tintingue et Foulepointe qui sont éloignées de vingt lieues, il arriva à Tamatave où il trouva Jean Réné, prince des Bétanimènes, qui avait reconnu Berora, son petit-fils, pour héritier de ses biens et de ses droits. Mais la position fâcheuse dans laquelle il se trouvait près de Radama, les craintes que lui inspirait ce roi, enfin l'espoir peut-être de secouer un jour ce joug odieux, firent qu'il capitula. Il demanda que ses droits fussent maintenus, reconnaissant à cette condition la souveraineté du Hova. Ce traité fut passé, et ce prince par sa prudence évita le sort de ses égaux, presque tous dépouillés ou massacrés.

Fatigué d'une guerre aussi longue que pénible et cruelle, après quelque temps de séjour à Tamatave, Radama remonta à Emirne avec l'intention de donner à son gouvernement une force plus imposante et de l'établir sur des bases plus solides. Il concevait qu'il était important, après s'être fait tant d'ennemis, de se concilier quelques esprits influens. En effet, il admit à son service ceux même parmi ses adversaires auxquels il avait reconnu une intelligence et un courage supérieurs. C'est ainsi qu'il détermina Rafarla, qui était Saclave, à servir sous sa bannière. Ce chef redoutable ayant employé tout ce que le fer et le plomb pouvaient lui fournir de projectiles, fit casser et fondre des piastres pour remplacer ses munitions épuisées; enfin, dans un combat des plus sanglans où l'arme blanche remplaça l'arme à feu devenue inutile faute de balles, Rafarla tombant au pouvoir de Radama, lui dit : « Tu es heureux que les munitions m'aient manqué; sinon tu ne m'aurais pas en ton pouvoir. Mais du moins je ne te laisse après moi et les miens rien à prendre sur mon territoire; car je t'ai envoyé jusqu'à mon argent. »

Radama, charmé d'un pareil trait, lui dit : « Je sais apprécier ta valeur; et loin de te faire périr, je te propose mon amitié. Tu étais chef ici, sois-le chez moi; si tu veux l'accepter, je te donne le grade de colonel avec le commandement d'un corps de mon armée. » Le fier Saclave, après quelques instans d'hésitation, accepta et monta à Emirne avec son vainqueur, devenu son ami. Quelques autres chefs entreprenans suivirent l'exemple de Rafarla ; en sorte qu'en peu de temps Radama se monta une cour assez nombreuse d'officiers généraux et supérieurs.

Des ministres furent nommés, des grades, des honneurs décernés à ceux qui avaient rendu le plus de services. Il est rare qu'un souverain puisse contenter également tous ceux qui l'entourent. Le parti anglais qui craignait de perdre son influence par suite de ces changemens, proposa d'augmenter les titres pour en faire obtenir à celui qui avait si bien conseillé le roi ; mais son temps était passé : malgré tout Radama consentit. Le titre de maréchal manquait ; il fut question d'en créer un. Le conseil, assemblé à ce sujet, donna son assentiment ; en pareil cas, chacun se berce d'un doux espoir. En vain espéraient-ils être nommés ; le choix était déjà fait. Guidé par un grand esprit de justice, Radama savait reconnaître les services présens ou passés. Par cette raison le français Robin fut élu grand-maréchal du palais, et reçut en même temps l'ordre de prendre le commandement de la côte de l'est. On sera fort étonné sans doute de voir élevé à une si haute dignité un homme dont il n'avait encore été nullement question. Mais voici un simple résumé de son histoire :

Ancien sous-officier de l'empire, Robin ne pouvait, après avoir fait les guerres de 1813, vivre dans une pénible oisiveté. Il partit, en 1815, pour les colonies avec son grade, et fut envoyé à Bourbon. L'influence d'un nouveau climat dont la température très-élevée devait agiter davantage le sang déjà trop bouillant de ce jeune militaire, produisit sur lui une action trop prononcée. D'anciens souvenirs de gloire, un changement si prompt et si triste égarèrent son imagination au point de lui faire oublier ses devoirs militaires et sociaux ; par suite d'une conduite extravagante, il se trouva sous le coup d'un jugement. Il n'est pas de tempête qui n'ait quelques momens de calme. La réflexion fit sentir à Robin et sa situation pénible dans sa prison et les conséquences fâcheuses de ses égaremens ; moins pour lui que pour l'honneur de sa famille, il chercha les moyens de se soustraire à ce jugement sévère. Aidé de ses amis, il parvint à gagner son rigide surveillant ; un bateau était prêt ; à la faveur de la nuit, il sortit de sa prison avec quelques compagnons d'infortune, s'embarqua et fit voile pour l'Ile-de-France. L'idée d'habiter un sol jadis français et gardé par une nation contre laquelle il s'était battu, lui fit tant de mal, qu'il ne put y rester ; en 1817, il passa à Madagascar. Que faire sans argent sur une terre étrangère et sauvage ? quelle affreuse situation ! éloigné de sa patrie, de ses affections, que peut-on attendre ? Toujours guidé par l'amour du bien, il chercha à se rendre utile : mais le littoral ne lui offrait sous ce rapport aucune ressource. Il sollicita près de Radama, qui prenait déjà un caractère de souveraineté, l'autorisation de monter à Tananarive (capitale des Hovas) ;

il l'obtint, et afin d'atteindre le but qu'il s'était proposé, il fit sentir autant qu'il le put la nécessité de la connaissance des lettres. Pour se mettre plus facilement en rapport avec les naturels, il apprit la langue hova et parvint à se familiariser avec quelques-uns de ceux qui y avaient un rôle assez important près du roi. Ce ne fut qu'après dix-huit mois ou deux ans de séjour, qu'il put être connu de Radama, et voici comment après avoir appris à lire et à écrire et un peu de français aux enfans d'un naturel assez riche, il demanda une de ses filles en mariage (à la mode du pays). Elle n'avait encore que quinze ans lorsqu'il l'obtint. Charmé de ses bons procédés pour sa fille, le père, qui était assez bien avec le roi, lui parla souvent de Robin, des services qu'il pourrait rendre. Radama demanda à voir le gendre de son fidèle sujet. Le jour de sa présentation, le roi lui demanda s'il avait servi sous les ordres de l'empereur Napoléon. Sur sa réponse affirmative, il l'en félicita et lui fit connaître combien il appréciait les hautes qualités de ce grand homme. Il lui montra alors le portrait de l'empereur, en disant: Voilà mon modèle, voilà l'exemple que je veux suivre. Il avait encore les portraits de plusieurs généraux de France et d'Angleterre. Le roi le questionna ensuite sur l'art militaire, sur la France, etc. Après quelques visites de ce genre, il lui fit des offres de service, et il fut décidé que Robin enseignerait au roi à lire, à écrire, à compter et un peu de français. Lorsqu'à force de soins, de patience et de travail, Radama fut parvenu à apprendre assez pour être en relations suivies et voir les choses par lui-même, il nomma Robin son secrétaire intime. Le peu que cet emploi lui rapportait et une dixaine de mille francs qu'avait reçus sa femme lors de son mariage, lui permirent de vivre, à la capitale, d'autant mieux qu'il était nourri chez le père. Sa position était bien différente ; l'argent de la dot fut placé, du moins en partie, dans le commerce ; ce qui lui donna encore plus d'aisance. Le caractère absolu de Radama causant souvent des contrariétés à Robin, fut cause qu'ils se brouillèrent deux fois, au point de ne plus se voir. Le premier, sentant de quelle utilité le français était pour lui, par l'ordre qu'il mettait dans ses affaires, ne pouvait plus s'en passer et faisait des concessions pour le ravoir. Non content d'en faire son secrétaire intime, il voulut lui donner un emploi militaire. Robin, qui se trouvait bien de sa vie paisible à la capitale, accepta seulement le grade de colonel ou neuvième honneur, car c'est ainsi qu'ils désignent leurs grades, comme je le dirai tout à l'heure. Cependant, quelque temps après sa nomination, le roi l'envoya chez les Saclaves qui étaient encore en révolte. Mais n'ayant pu réussir à les vaincre, il revint prendre ses anciennes fonctions. Les effets de la politique anglaise dessillaient de plus en plus les yeux de Radama, qui commençait à en concevoir quelque inquiétude ; il était temps de prendre un parti. Sachant combien Robin lui était attaché, il jeta ses vues sur lui, et c'est ce qui lui valut, vers la fin de 1826, le titre de grand-maréchal du palais avec le commandement supérieur de toute la côte de l'Est, en remplacement du prince Corollaire qui avait remplacé Jean Réné après sa mort. Pendant dix-huit mois environ que Robin resta dans ce poste, non seulement il rendit d'éminens services au prince qu'il servait, par plus de régularité dans les impôts, plus d'étendue dans le commerce, une organisation mieux entendue des troupes qu'il avait sous ses ordres, l'application des peines d'après les délits et toujours confirmée par le roi, etc., etc., mais il fut encore de la plus grande utilité à ses compatriotes qui habitaient Sainte-Marie. Une circonstance fit connaître son désintéressement et son dévouement pour son ancienne patrie. Un trois-mâts expédié de Bourbon pour Sainte-Marie, où il devait remettre de 20 à 30 mille francs et divers approvisionnemens, ayant eu besoin de jeter un pied d'ancre à Tamatave, s'y perdit peu de temps après son arrivée. Le gouverneur ayant demandé les papiers au capitaine du navire, sentit que Sainte-Marie serait gênée par le retard de l'argent et la perte de la cargaison. Il se rendit alors responsable de la somme, qu'il fit transporter chez lui, et expédia de suite un petit bateau pour faire informer le commandant de notre établissement du malheur qui venait d'avoir lieu, en l'engageant à envoyer un navire prendre l'argent dont il était dépositaire, et de nouveaux ap-

4*

provisionnemens qu'il avait fait réserver pour Sainte-Marie. Une goëlette partit aussitôt, et le capitaine, outre l'argent, reçut de Robin la promesse de faire tout ce qui serait en son pouvoir pour être utile à notre établissement. De ce moment on n'eut plus à s'inquiéter des vivres. Chaque fois qu'on envoyait chercher du riz et des bœufs, on trouvait le chargement prêt et à des prix très-modérés. Il en fut de même pour le commerce entre Madagascar et Bourbon : ce qui valut au maréchal des marques de reconnaissance de la part du gouverneur de notre colonie. Pendant tout le temps que Robin resta dans ce poste, tout alla parfaitement. Le roi lui-même en était tellement satisfait, qu'il lui mettait souvent entre les mains des sommes considérables, les croyant plus en sûreté là que dans le trésor public. Il lui laissait en outre une pleine et entière liberté dans les dépenses pour la représentation : ce dont il s'acquittait avec dignité.

Laissons un instant le continent, pour reprendre l'historique de notre colonie, que nous avons laissée à l'époque de l'envahissement du littoral par Radama. Nous avons dit qu'en 1826 tout était dans un affreux état de trouble ; la mort du brave chef Tsiphania mit la consternation, et fit prendre des mesures de sûreté à tous les autres chefs, qui s'étaient réfugiés à Sainte-Marie. Le fort de l'Ilot, qui jusqu'alors n'avait pas été très-redoutable, fut mis en état de défense ; tous les employés s'y étaient retirés ; enfin, on avait disposé tout contre une attaque. Radama, comme je l'ai dit plus haut, ayant reconnu la duplicité d'Hasté, renonça à ce projet, et marcha sur Foulepointe et Tamatave, pour se rendre à Tananarire. Lorsqu'on fut certain de son éloignement, les esprits se calmèrent un peu; mais un chef des naturels de Sainte-Marie, plus entreprenant que les autres, conçut le projet d'habituer ses noirs au maniement du fusil, de manière à pouvoir résister dans le cas d'un nouveau projet d'envahissement. Ces dispositions portèrent ombrage à M. le commandant Carajon, qui s'imagina que ce chef tramait quelque complot perfide. Ce qui le lui fit croire, c'est que Tsimival était parti de son village, Ambatouro, avec quelques esclaves, et débarqua à l'aide de ses grandes pirogues sur la pointe Larrée, peu de temps après le passage des Hovas. Il fut accusé d'intelligence avec nos ennemis et reçut l'ordre exprès de cesser toute espèce de manœuvre : ce qui eut lieu.

Cet homme, en supposant qu'il pût armer cent cinquante noirs tout au plus, serait-il venu de l'extrémité nord de l'île attaquer notre fort? quelles auraient été ses vues? Il connaissait trop les tristes résultats de la révolte de ses compatriotes en 1754, pour entreprendre une pareille expédition. Les restes d'une peur outrée enfantèrent seuls ce complot dans le cerveau déjà fort affaibli par les maladies et la vie presque sauvage que menait cet officier. Au lieu de dégoûter les chefs par de telles mesures de rigueur, n'était-il pas préférable de les seconder, de les encourager, et de leur fournir tous les moyens de défendre notre cause qu'ils embrassaient de leur propre mouvement et avec tant d'ardeur? N'est-il pas encore ridicule d'avoir protesté contre les actes de Radama, qui tous se ressentaient de la grandeur et de la puissance qu'il cherchait à acquérir, quand dans les nôtres on ne voyait rien que de misérable; tout souffrait, languissait, comme l'esprit des habitans de notre poste isolé.

CHAPITRE V.

Mort de M. Albrom. En mai 1828 la corvette de charge la Seine arrive avec une mission spéciale. Elle visite Sainte-Marie, Foulepointe et Tamatave. Robin. Fêtes. Des grades militaires chez les Hovas.

Forcé par les circonstances de renoncer pour le moment à ses prétentions, Sainte-Marie eut moins à souffrir de la rigueur des Hovas. Quelques individus envoyés par le gouvernement de Bourbon près du Roi, n'obtinrent que des autorisations particulières; mais jamais il ne voulut entrer en arrangement pour nos établissemens. Les choses restèrent jusqu'en 1828 dans cet état d'abandon. Sainte-Marie n'était qu'un petit comptoir approvisionné par Bourbon, et par cela même, fort mal approvisionné. Non seulement, l'administration de cette île mettait de la négligence à envoyer des vivres, mais encore elle avait la cruauté de différer de quelques mois les envois de médicamens nécessaires à des malheureux minés par les fièvres intermittentes. De tels actes restent trop souvent ignorés, attendant un châtiment qui ne vient pas. On avait deux goëlettes en station : mais les capitaines de ces navires, amis ou parens de gens influens de la colonie, obtenaient d'aller hiverner à Maurice, aux Seychèles ou dans l'Inde, quand leurs compatriotes mouraient faute de ressources nécessaires à leur traitement. Souvent il fallait réduire les hommes de la garnison à la demi-ration. On pourrait demander alors ce que sont devenues ces économies : car rien n'a été remboursé à ceux qui s'étaient réduits à de cruelles privations. Cependant ces indemnités leur revenaient au titre du réglement; qu'en a-t-on fait? Cette question serait trop délicate à discuter et éclaircirait d'autres abus peut-être plus condamnables encore. Voyons seulement ce qui se passait dans la colonie de Sainte-Marie.

Pendant que tout était dans une espèce d'abandon, pour économiser, on mettait à peine les hommes à l'abri des injures du temps, dans des cases faites à la mode des naturels, et sur un sol à peine desséché, quand MM. Carajon et Albrom trouvaient moyen, à la même époque, de former deux établissemens sur un plan très-vaste. Le premier, situé à l'extrémité sud de l'île à Ancarenne, et planté de caféiers, de girofliers et d'un grand nombre d'autres arbres qu'on avait fait venir de Bourbon. Ne présentant pas de grands et prompts avantages par des récoltes qui exigeaient plusieurs années, on songea à un autre point pour y faire venir la canne, et former une sucrerie. Les fondemens en furent jetés en 1826; mais le nombre des nègres devenant insuffisant, il fallut s'en procurer d'autres. Radama donna l'autorisation d'en acheter à la Grande-Terre : on en éleva le nombre à plus de cent, et les travaux furent entrepris. Là comme pour l'établissement on eût été livré à ses propres moyens, on n'eût guère mieux réussi; mais on ne fut pas embarrassé pour faire construire de belles et vastes cases, des magasins, etc., le tout parfaitement clos avec des portes et des fenêtres en bois. Une digue fut construite pour arrêter le cours d'une rivière; des canaux en maçonnerie furent établis pour le passage de l'eau à un réservoir, et delà à un moulin; des charpentes solides supportèrent l'effort de cette machine hydraulique; enfin, rien ne fut épargné pour ces deux habitations. La mort étant venue frapper en 1827 un des fondateurs et le plus capable, l'habitation d'Ancarenne fut abandonnée; on confia les plantations à un seul noir, et les autres furent renvoyés à *Tsaraac*, habitation du nord. On faisait les préparatifs pour recevoir les différentes pièces du moulin, lorsque nous arrivâmes sur la corvette de charge la Seine, à la fin de mai 1828. Nous fûmes visiter l'habitation du commandant-cultivateur Carajon. Nous vîmes de vastes champs de cannes à sucre, qui étaient déjà en commencement de fermentation et qu'on devait couper pour augmenter l'étendue des plantations, le moulin ayant trop tardé d'arriver. Nous vîmes aussi le grand travail de la digue, qui avait douze pieds de haut, sur près de vingt de large et cinq d'épaisseur. Le canal, le bassin dont j'ai fait mention plus haut, les charpentes de la sucrerie, les magasins de séchoir avec les formes, etc., tout cela avait demandé sans doute beaucoup de travail. Et qui avait-on employé? quelques ouvriers favorisés du commandant. Je ne m'étendrai pas davantage sur ces affaires particulières, parce qu'elles me mèneraient trop loin; mais seulement j'ai cru devoir les rapporter, pour faire connaître le vice d'administration de cette colonie. Pourquoi ces économies sur les fonds d'un établissement où il y avait tout à faire? On laissait dans un état pitoyable le peu qu'on avait construit, on privait les ouvriers d'un argent qui leur eût été très-utile; et rien n'étant fait pour l'amélioration du climat, on était exposé aux mêmes causes délétères. L'insouciance fut portée à un tel dégré, qu'on laissa pourrir dans la baie de Sainte-Marie, la corvette de charge *la Normande*, qui était en fort bon état lors de son départ de France en 1821. Malgré l'altération fréquente des vivres et des munitions par le défaut de magasins, on ne s'occupa pas d'en faire construire. Laissons pour quelque temps Sainte-Marie dans ce piteux état, et voyons ce que nous offrit d'intéressant notre voyage sur la côte de la grande île.

Après avoir remis les vivres et les divers approvisionnemens dont nous étions chargés pour nos concitoyens, nous levâmes l'ancre, dans les premiers jours de juin, pour nous rendre à Foulepointe. Notre mission paraissait avoir pour but non seulement de montrer notre pavillon, mais d'entrer en arrangemens, ou du moins de savoir s'il serait possible d'obtenir quelques concessions. N'ayant que quinze lieues à faire, nous partîmes dans l'après-midi, après avoir pris un pilote pratique de la côte, et arrivâmes le lendemain matin d'assez bonne heure. Le commandant envoya traiter du salut, qui fut accepté. Après les formalités d'usage, le commandant descendit faire sa visite au chef de cet établissement, et nous annonça, à son retour, que c'était le fameux Rafarla dont j'ai fait mention plus haut.

Nous avions pris à Bourbon un officier d'artillerie de terre, qui, embarqué en qualité de passager, paraissait faire ce voyage en amateur, mais il était chargé en même temps d'examiner les fortifications des points de la côte que nous avions à visiter. Le commandant nous ayant permis de descendre, nous fûmes nous promener en bourgeois dans le village ; nous visitâmes les traitans, dont quelques-uns recevaient assez bien, et annonçaient quelque usage de la société. N'ayant point encore fait de visite au général Rafarla, à qui le commandant se disposait à présenter son état-major, nous n'approchâmes point des fortifications, de sa demeure, et des lieux où nous eussions pu le rencontrer. Quelques visites particulières, nos excursions dans le village et la campagne et l'examen des naturels furent les sujets de nos méditations et de nos loisirs. Le lendemain, le commandant nous convoqua pour la visite au général. De onze heures à midi, nous descendîmes, et nous nous dirigeâmes vers le fort dans l'enceinte duquel était la demeure du gouverneur. La réunion assez nombreuse que nous formions, la diversité et surtout la nouveauté de nos uniformes fixa tellement l'attention des premiers naturels que nous rencontrâmes, que quelques-uns s'empressèrent de courir au-devant de nous, pour prévenir leurs camarades; à peine avions-nous traversé la plage, que la foule était déjà considérable; elle ne fit qu'augmenter jusqu'à notre arrivée au fort. Nous trouvâmes à l'entrée du village un des aides-de-camp du général, qui nous attendait au corps-de-garde de la douane. C'était un jeune homme d'un assez joli visage, d'une taille avantageuse, et se présentant bien. Ses formes polies prouvaient qu'il n'était pas étranger aux lois de l'étiquette; à l'aide d'un naturel qui lui servait d'interprète, il il nous apprit que le général était prêt à nous recevoir. Pendant ce colloque, la garnison du poste de la douane était sortie de sa caserne, et s'était mise en rang avec les chefs à sa tête. Ils étaient deux reconnaissables par des sesinbouts blancs. Le jeune aide-de-camp, au contraire, portait l'uniforme anglais; c'était un habit rouge à collet, paremens et revers de velours noir, quelques bandes de galons aux boutonnières, et les épaulettes de colonel. Un pantalon blanc, des bottes et un chapeau d'uniforme composaient le reste de son habillement.

Escortés par ce jeune homme et par une foule nombreuse, nous marchâmes vers le fort. Aussitôt que la sentinelle en faction nous aperçut, elle cria sans doute: Aux armes! car aussitôt nous vîmes un assez grand nombre de soldats se ranger en ligne au-dedans de la première porte.

Cette garde, composée d'environ trente hommes, habillés et équipés à l'anglaise, porta les armes lors de notre entrée dans la première enceinte. Bientôt nous rencontrâmes une seconde porte, gardée par une sentinelle, puis une troisième, également gardée. Enfin, nous arrivâmes à un vaste emplacement sur la gauche duquel il y avait une fort grande case, à la mode du pays, mais assez richement décorée. Comme elle était élevée de quelques pieds au-dessus du sol, il fallut, pour parvenir dans le salon de réception, monter plusieurs marches en bois et assez bien construites. Au bas de cet escalier, un major hova nous attendait pour nous introduire près du général; celui-ci était dans un appartement voisin. Aussitôt notre arrivée, le major fut le prévenir. Nous vîmes un homme d'une taille avantageuse, d'une physionomie qui annonçait quelque chose de grand. Son regard vif et expressif faisait présumer le développement de son imagination; enfin, tant au physique qu'au moral, tout nous surprit chez cet homme, en qui nous avions pensé voir un sauvage un peu décrassé, comme sont, par exemple, les chefs de la côte d'Afrique. Un uniforme de général anglais ajoutait au décorum et à la démarche imposante de cet officier.

Ne connaissant pas assez le français pour entretenir une longue conversation, il fit venir un mulâtre nommé Henri Senec, le grand-juge de son gouvernement, et qui lui servit d'interprète. A l'aide de cet homme, qui parlait bien français, mais surtout anglais, l'entretien fut assez long pour nous faire connaître l'esprit naturel et pénétrant du chef de cet établissement. L'entretien dura une heure au moins : nous prîmes alors congé du général, après avoir accepté des rafraîchissemens et une invitation de dîner pour le surlendemain. Nous passâmes le reste de notre journée en promenades dans le village et dans ses environs.

Au jour fixé pour le repas, le commandant nous fit réunir dans sa chambre, en attendant les embarcations qu'il avait ordonné d'armer pour notre départ. A quatre heures nous quittâmes le bord, et les canots nous descendirent sur la Pointe-aux-Bœufs, dans l'anse de Foulepointe. Aussitôt que le poste de la douane nous aperçut, il se mit sous les armes, et nous trouvâmes encore un aide-de-camp qui nous y attendait.

En entrant dans le fort, on nous rendit les mêmes honneurs que le jour précédent. Enfin nous arrivâmes au salon, où nous trouvâmes Rafarla entouré de son major aide-de-camp, du grand-juge et de quelques autres officiers. Il nous reçut avec la plus grande cordialité. Sa physionomie annonçait vraiment tout le plaisir qu'il éprouvait dans cette circonstance. Ses paroles, son air semblaient tenir à une très-grande franchise ; enfin, nous fûmes portés à le juger très-favorablement. Après les discours d'usage et pendant qu'on servait le dîner, il fit venir ses femmes, qui jusqu'alors n'avaient point encore paru. Quatre de différens âges se présentèrent ; leur visage était en général assez agréable, et on remarquait surtout la sœur du roi Radama, qui n'avait guère que dix-sept ans, et qu'il avait épousée quelques mois avant notre arrivée.

Nous pensions trouver en elles des femmes costumées à la mode du pays, n'entendant rien, gauches dans leurs manières ; mais nous nous trompions. Ces femmes d'un noir plus ou moins foncé, il est vrai, n'avaient pas moins les avantages de leur sexe. Sans avoir égard à leur costume, qui était tout européen et assez riche, elles possédaient encore par elles-mêmes l'art de plaire, tant cet art est grand chez ce sexe destiné à embellir notre existence dans quelque position et quelque lieu que nous nous trouvions. Elles entendaient assez bien l'anglais et le parlaient un peu : la sœur du roi entendait aussi un peu de français. Deux de ces dames, placées de chaque côté du centre de la table, entre les officiers français, firent très-bonne contenance pendant tout le repas, et répondirent assez agréablement aux diverses questions qui leur furent adressées, soit en anglais, soit par l'intermédiaire de l'interprète.

Le dîner, servi à l'anglaise, très-élégant, du reste, fut animé par des conversations variées. Lorsqu'on en vint à la politique, il fut assez facile de voir les opinions de chacun. Le gouverneur, ami intime et confident du roi, sans oser se prononcer ouvertement, penchait de notre côté. Son grand-juge, au contraire, qui était sans doute un affranchi de Maurice, soutenait de tous ses argumens et de tous ses poumons la puissance anglaise. Il s'étaya surtout des avantages considérables qu'on retirait des relations avec cette nation industrieuse ; il exaltait l'aisance, la libéralité de ses agens, l'immensité de leurs ressources, la dignité qui régnait dans leurs actions ; enfin il s'anima à tel point, qu'il fallut lui faire sentir l'inconséquence de son discours et le *rappeler à l'ordre*. Rafarla s'empressa de détruire le mauvais effet de cette harangue trop anglomane. Les officiers hovas, qui, jeunes encore, devaient presque tous leurs grades aux agens de la Grande-Bretagne, eussent certainement imité l'orateur malencontreux, sans divers motifs de bienséance ou de subordination qui les retinrent. En tout cas, la gaîté ne fut pas bannie de la table, et le meilleur esprit régna jusqu'à la fin du festin.

Au dessert, les dames se retirèrent. Les vins de toute espèce parurent, celui de Champagne surtout. Des toasts furent portés à la santé du roi de France et salués de vingt-un coups de canon par le fort. Aussitôt la salve terminée, le commandant porta un second toast au roi Radama et à la conciliation des deux peuples. La corvette commença au même moment sa salve. Des santés particulières furent échangées au détriment des facultés cérébrales et de la solidité des jambes. Cependant, pour rétablir cet équilibre des forces que les vapeurs vineuses et alcooliques avaient fait perdre, on porta une rangée de siéges sous une galerie où nous fûmes jouir d'un spectacle nouveau : c'était un ralouba.

Ce mot correspond à fête de village, assemblée générale, etc. En effet, nous vîmes plus de quinze cents naturels divisés en deux parties : celle des hommes qui étaient paisiblement assis à quelque distance de la maison du gouverneur, mais dans l'enceinte de sa cour, et les femmes qui étaient venues donner un concert à la porte même du salon à manger. Ce concert vocal et instrumental se composait d'un mélange de voix unies avec assez d'ensemble et de justesse au son de quelques instrumens particuliers dont la description serait trop longue : l'un porte le nom de *dzédzi* et l'autre *marou-rome*, et ils ont quelque rapport avec le son du violon ou de la guitare quand on en pince les cordes. Il y avait en outre, pour faire observer la mesure, d'autres musiciennes, dont les unes assises frappaient avec de petites baguettes en bois sur de très-gros bambous percés, et les autres debout frappaient des mains.

Des danseuses, excitées par cette musique plus bruyante qu'harmonieuse, exécutaient différens pas en frappant fortement des pieds, et tournant leur corps et leurs bras dans tant de sens, que ces derniers surtout figuraient parfaitement les ailes d'un télégraphe.

5

Ici, comme partout, ce genre d'exercice peignait plus ou moins le plaisir qu'on éprouve. Je dirai que, malgré sa bizarrerie, leur danse à des momens lascifs : ainsi quelques positions simples expriment le bonheur d'une aimable rencontre, la joie, la surprise, le dédain, le refus, le désir ; les gestes seuls font tous les frais de la conversation la plus suivie. Bien que ce ne soit qu'entre femmes que les scènes se passent, l'expression n'en est pas moins vive.

L'amphytrion de cette fête fit verser à grands flots l'arac aux danseuses, aux musiciennes, à tous les spectateurs mâles et femelles. Pendant les entr'actes, on nous fit promener dans les groupes que formaient ces grâces rembrunies. Nous trouvâmes chez elles cette coquetterie qui augmente les charmes, si elle est ménagée avec art. Eh bien! toutes ces femmes avaient ce talent si difficile. Leur esprit, simple comme la nature, leur disait que ce moyen de séduction était nécessaire, et elles réparaient par des gestes décens, un air de réserve et de modestie, ce que leur costume avait de commun et de peu élégant. D'après l'usage de ce pays, la cohabitation avec un blanc étant un honneur insigne, les officiers ne se firent pas scrupule de nous présenter les plus jolies femmes ; le général même s'acquitta vis-à-vis du commandant de ce galant office d'hospitalité. Lorsque toute la liqueur destinée à la fête fut consommée, le peuple se retira, à l'exception des femmes désignées par chacun de nous. Pendant ce temps, nous fûmes rendre visite aux dames du dîner. Nous visitâmes les appartemens particuliers, puis le pavillon de Flore, où Rafarla montait à l'aide d'un escalier fort étroit pour voir l'arrivée des navires, ou quand il voulait jouir avec une de ses femmes des douceurs de la solitude. L'extérieur ressemblait assez à un pigeonnier; mais l'intérieur, élégamment décoré d'un lit de repos, de coussins, de nattes, etc., annonçait assez sa destination. Nos plaisirs, nos observations durèrent jusqu'à près de dix heures du soir. Nous prîmes alors congé de Rafarla, qui nous fit accompagner par ses aides-de-camp jusqu'en dehors du village, après nous avoir engagé à d'autres parties de plaisir, à chasser, par exemple : exercice pour lequel il était passionné.

Les amusemens ne devant pas faire oublier les choses sérieuses, revenons vers le but de cette mission. Comme je l'ai dit, devant visiter quelques points de la côte, nous ne pouvions rester long-temps sur chacun d'eux. Ainsi le lendemain de notre réception par Rafarla, nous fîmes nos dispositions pour le départ qui devait avoir lieu deux jours après. La veille, nous lui rendîmes notre visite de digestion et de départ tout à la fois : ce qui l'affligea, car il avait préparé pour nous une fête à la campagne. Le commandant lui laissa entrevoir que notre mission nous mettait dans l'impossibilité de rester plus long-temps. Il nous dit alors que le mauvais temps nous empêcherait de partir,

5*

et que, d'après cela, nous serions forcés de lui accorder ce qu'il nous demandait de si bonne grâce.

Nous mîmes donc sous voile le jour indiqué vers les huit heures du matin, mais à peine fûmes-nous en dehors de la baie, que des vents de S. O. et de O. S. O. nous contrarièrent, nous firent prendre des ris dans le jour et mettre à la cape dans la nuit ; le lendemain matin, le commandant voyant que nous n avions pas gagné une lieue dans les vingt-quatre heures, et le pratique lui ayant dit qu'il ne pourrait rien gagner pendant cette série de vents à cause des courans qui augmentaient les obstacles, nous revînmes à notre mouillage de Foulepointe.

Rafarla qui nous avait observés et qui reconnut le navire à son entrée en rade, envoya de suite un de ses officiers pour renouveler ses offres obligeantes. Mais le commandant lui répondit qu'il lui fallait les refuser, se disposant à partir au premier vent favorable. Pendant notre séjour sur la rade, des officiers hovas étant venus nous visiter, et nous demandant à acheter une foule de choses, entre autres des plumes, du papier, de l'encre, etc., chacun des officiers du bord s'empressa de leur en faire cadeau. Tout ce qui était uniforme français excitait leurs désirs ; ils eussent, pour en avoir, donné des sommes très-fortes ; quelques armes seulement qui n'étaient plus d'uniforme d'après les ordonnances leur furent cédées à des prix modérés ; ce qui leur fit un bien grand plaisir.

D'après ce qui s'était passé à table chez Rafarla, et pour prouver à Henri Senec que les agens du gouvernement français représentent aussi dignement que ceux du gouvernement britannique avec de plus faibles moyens, le commandant eût dû profiter de cette relâche, puisqu'il ne l'avait pas fait avant, pour rendre à Rafarla l'honnêteté qu'on en avait reçue. Mais il n'en fut rien; et notre départ dut laisser aux Malgaches une triste idée de notre nation.

Avant de terminer ce qui est relatif à Foulepointe, je crois nécessaire de donner un aperçu topographique de ce point. La petite baie où vont mouiller les navires est abritée des vents du large, ou plutôt de la mer par un immense banc de corail qui se trouve dans le sud. Les vents de la mauvaise saison venant assez généralement du S. O., n'inquiètent pas médiocrement les navires, parce que la mer est extrêmement forte. Cependant les gros navires chassent quelquefois en raison de la tenue qui n'est pas aussi bonne au large de la côte où ils sont obligés de mouiller, quand au contraire les petits sont fort tranquilles dans l'anse que forme la côte dans l'ouest du grand rescif.

En descendant on trouve la pointe dite aux Bœufs, parce que c'est là qu'on embarque ces animaux. L'abordage y est toujours facile, surtout du côté de l'anse, dans le sud de la pointe. En descendant à terre on trouve une plage sablonneuse assez étendue. Elle n'offre pour toute végétation que quelques plantes grasses, des runifères et plus loin quelques liserons. Le rivage présente par la nature de son sable un caractère particulier qu'on ne retrouve que sur la pointe. Il a un aspect métallique noir et fort lourd ; ce qui me fait penser que, de l'analyse, il en surgirait quelque chose de remarquable. En s'avançant sur la plage, on aperçoit le village à cinq cents toises environ du littoral. [Sur la droite, je vis une petite batterie pour la douane, et sur la gauche, un bras de mer assez étroit en arrière du fort principal. Cette batterie était là seulement pour la forme ; car sur trois maigres canons qui s'y trouvaient, un seul était monté sur un mauvais affût de bord. Ces pièces dirigées sur la rade, pouvaient au besoin être pointées sur le village, le poste faisant face à la rue principale. Pour diminuer la longueur d'une route désagréable à cause du sable, nous passions par l'habitation d'un traitant placée en regard de la pointe. De la grande cour qui se trouvait au centre de son logement, nous tombions dans la rue qui conduisait au fort. Pour y arriver il fallait tourner sur la gauche en sortant de la maison, et l'on avait à peu près deux cents toises à parcourir. Une triple muraille en bois en défendait l'entrée, et voici comment : des pièces de bois de quinze pouces à deux pieds de diamètre, étaient enfoncées en terre à plus de trois pieds et avaient huit à dix pieds d'élévation. Une seconde qui bouchait les intervalles des premières n'avait que six pieds de haut, soutenue en dedans par une espèce de petit rempart en terre ou en gazon, construit de manière à ce qu'on pût faire la fusillade par-dessus la rangée de palissade du dedans.

De distance en distance étaient des embrâsures de canon ou plutôt des pierriers, dont le calibre n'était pas de plus d'une livre. Ils étaient en général montés sur de très-forts pieux de bois percés dans leur cintre pour recevoir une verge en fer qui était le support des deux branches sur lesquelles les bras du canon appuyaient. Une triple rangée était ainsi construite, et il existait entre chacune d'elles une largeur de vingt-cinq à trente pas. Les portes façonnées de même avec des pieux très-forts, maintenus par des traverses, ne se correspondaient pas; l'une faisait face à l'est, l'autre au nord, et la troisième à l'ouest, quoique à petite distance, toutes trois défendues par deux petites pièces de canon. Le commandant était, comme je l'ai dit, logé dans la dernière enceinte et les troupes dans les deux autres.

Le village, composé d'un assez grand nombre de cases bien faites et disposées de manière à former des rues larges et droites, pouvait contenir huit à douze cents âmes environ. Les habitans semblaient jouir de cette aisance que donne un commerce facile et lucratif. Quelques traitans que nous visitâmes, étaient aussi bien logés que possible. Tout ce qui pouvait tenir aux jouissances de la vie nous fut offert par ces hommes, qui n'ont d'autres plaisirs que ceux que peuvent fournir un sexe facile, la table et la chasse.

Leur genre d'occupations n'exigeant aucun travail intellectuel, l'étude était complètement négligée par eux ; souvent leurs relations commerciales étaient confiées aux soins de femmes fort entendues, connues sous le nom de femmes de traite. Ces commerçans menaient alors une vie des plus oisives. Nous fûmes ensuite visiter les cases de quelques naturels, qui nous offraient des coquillages du genre porcelaine, surtout des nattes, des pagnes (étoffes du pays), des boîtes de diverses grandeurs en paille, etc. Nous restions peu de temps dans leurs demeures, où généralement une odeur de fumée et de poisson boucané se faisait sentir ; cependant il y règne assez d'ordre.

Pour l'étendue et la forme du village, il serait difficile de les déterminer. On peut en prendre une idée assez exacte par ce faible aperçu. Après l'avoir parcouru dans tous les sens, nous arrivâmes au Champ-de-Mars ; c'est une plaine qui peut avoir environ trois milles de tour. Le terrain quoique sablonneux, est assez ferme et uni pour y pouvoir marcher aisément. Il est borné au nord par le village, à l'est par le fort, et une partie de la baie à l'ouest, au sud par des marais, des bruyères et des bois taillis. Au sud du village une partie de ce terrain, plus battu que le reste, annonce un chemin qui se dirigeant dans l'ouest communiquerait avec l'intérieur. A un mille tout au plus du village, et sur la gauche de la route, était un petit tombeau érigé par l'ordre de Rafarla à un de ses chiens tué par un sanglier. On voit jusqu'à quel point cet homme appréciait le courage.

Je vis, en parcourant les environs du Champ-de-Mars, qu'il serait encore facile d'augmenter l'étendue de cette plaine en coupant une grande quantité de bruyères et en comblant de petits marais, qui n'étaient que le résultat de l'affaissement du terrain dans ces parties. Les bois taillis bordant à peu de distance cette plaine, offriraient, avec un peu de travail, un aspect charmant, si la main de l'homme industrieux venait achever ce que la nature a commencé.

En revenant de notre course explorative, nous passâmes entre la baie et le fort. A peu de distance de celui-ci, nous rencontrâmes un petit bras de mer qui est formé par un angle rentrant de la côte, à un mille environ de la pointe. Pour éviter de nous envaser, nous fûmes obligés de contourner le fort et de traverser un petit pont en pierre qu'on trouve dans la principale rue. J'avais déjà remarqué le courant d'eau dans l'intérieur du village en allant chez le grand-juge Henri Senec. Je dirai en passant que, malgré son allocution brutale au dîner de Rafarla, nous étions allés chez cet homme, mais plutôt par curiosité que par politesse. Un naturel nous avait informés qu'il devait prononcer dans un différend élevé entre des Malgaches. Comme il était difficile de juger le cas en dernier ressort, Senec crut devoir recourir à l'ancien mode, le tanguin. Mais, au lieu d'administrer ce poison violent à l'accusé, comme il était d'usage autrefois, on convint que chaque partie donnerait une poule à qui le poison serait administré. Les deux victimes arrivèrent et avalèrent le fatal breuvage. Il avait été décidé que celui dont l'animal périrait, aurait tort. Ceci ressemble à notre *jugement de Dieu,* à l'épreuve du fer chaud et l'eau bouillante, etc. ; toutes choses jadis approuvées par l'église.— A peine le tanguin fut-il donné à ces deux pauvres bêtes qu'elles éprouvèrent les angoisses les plus vives de l'empoisonnement. L'une plus faible ou plus irritable que l'autre, mourut au bout de quelques instans. La partie adverse proclama aussitôt ses droits, qui, devenus incontestables par la mort d'une poule, furent reconnus de toute l'assemblée. Ainsi il y a peu d'années, à Madagascar, une accusation de vol, de calomnie, de sortilége, entraînait le trépas de l'accusé. Celui-ci demandait le premier l'appui du terrible oracle qui ne manquait pas de le plonger dans la tombe, quand ses ennemis avaient résolu sa perte, ou lui causait de violentes douleurs lorsque la dose du poison avait été ménagée par des mains moins cruelles. C'est à Radama qu'on doit l'abolition de cette atroce coutume à la Grande-Terre ; notre autorité l'avait aussi fait cesser à Sainte-Marie (1).

---

(1) Je me suis peut-être laissé entraîner trop loin par ce sujet étranger aux notions topographiques historiques ;

Vers le 10 juin, nous partîmes de Foulepointe pour Tamatave, qui n'en est éloigné que d'une distance de quinze lieues. Mais des vents contraires, en nous retardant beaucoup, nous forcèrent à mouiller dans la soirée du surlendemain entre l'entrée des passes et une petite île nommée l'île aux Prunes. Ce fut à un misérable pilote qu'on avait pris à Bourbon que nous dûmes quelques instans de véritable crainte qui suivirent ce mouillage. La nuit s'avançait; le temps paraissait aussi mauvais, lorsque le commandant consulta le pilote de Bourbon et le pratique de Sainte-Marie. Le premier n'était pas venu à Madagascar depuis fort long-temps; le second au contraire faisait presque continuellement la navigation de la côte depuis près de trois ans. Le premier voulait mouiller près de l'île aux Prunes, parce qu'on était au large; l'autre s'y opposait, parce que le mouillage sur un banc de corail n'offrait aucune sûreté; qu'en outre les vents portaient sur l'île, et qu'en s'enfonçant plus vers la côte, on avait un fond de sable en plan légèrement incliné, qui offrait plus d'avantage. Mais ces délibérations ayant fait perdre du temps, et la nuit s'étant épaissie, le commandant se décida pour le premier avis : on jeta l'ancre sur le banc de corail, qui n'était couvert que cinq à six brasses d'eau.

---

mais il m'a paru trop important pour le passer sous silence.

Toutes les voiles étant serrées et les dispositions prises pour la nuit, on fut assez tranquille jusqu'à onze heures du soir. Alors le temps devenu plus mauvais, des grains soufflant avec violence nous firent chasser. On prit aussitôt des mesures de sûreté. Tout l'équipage sur pied se mit à la besogne, mouillant d'autres ancres, orientant les vergues de manière à ce qu'elles offrissent le moins de prise au vent, etc. Enfin ce ne fut que vers une heure que les travaux cessèrent. Il y avait à peine cinq heures qu'un tiers de notre équipage reposait, lorsqu'on le fit lever de nouveau pour travailler à remettre à bord les ancres qu'on avait été forcé de laisser toucher au fond. Ce travail pénible occupa jusqu'à huit heures du matin, et ce ne fut pas sans fatigue qu'on parvint à remonter ces masses de fer, dont une s'en vint avec une branche et le bois qui la traverse de moins. On mit sous voile, et le pratique de Sainte-Marie dirigea le navire vers la passe sud de Tamatave, où nous arrivâmes deux heures environ après notre départ de l'île des Prunes.

Après tous les travaux d'usage au moment du mouillage, on expédia une embarcation à terre avec un officier pour traiter du salut, présenter les civilités de notre commandant au maréchal, et l'informer que le gouverneur de Bourbon lui adressait quelques paquets.

Notre officier fut reçu à son arrivée à terre par un aide-de-camp de Robin, qui attendait sur le rivage;

de là conduit au gouvernement, où à son entrée on lui rendit les honneurs militaires. Ayant traité du salut, Robin fit connaître à notre envoyé qu'informé depuis plusieurs jours de notre arrivée à Foulepointe, il nous attendait avec une bien vive impatience; qu'il ferait tout son possible pour nous témoigner le plaisir inexprimable qu'il ressentait de se voir au milieu de ses compatriotes, et plus encore en trouvant les moyens de leur être aussi utile qu'agréable. Par un signal convenu entre l'officier et notre commandant, la corvette commença le feu de vingt et un coups de canon envoyés avec autant de force que de précision. Le fort hova répondit en rendant le même nombre de coups.

Peu de temps après l'officier vint annoncer le résultat de sa mission, qui ayant été aussi satisfaisante que possible, engagea le commandant à partir aussitôt pour Tamatave. Son canot était armé, et un élève de service l'accompagnait, comme c'est l'usage. Il quitta le bord de onze heures à midi, et ne tarda pas à mettre pied à terre.

Le maréchal ayant été informé du mouvement de nos embarcations, se trouva en personne, escorté de ses deux aides-de-camp, de quelques officiers et d'un piquet de douze ou quinze Hovas, sur le rivage, au moment où débarqua le commandant. Des chevaux destinés à son service et à celui des officiers qui auraient pu l'accompagner furent offerts, et ces messieurs, suivis d'une foule nombreuse de curieux, marchèrent ainsi escortés jusqu'au gouvernement. A leur vue, la garde prit les armes, et rendit les honneurs accordés aux officiers-généraux.

L'entretien de notre commandant avec le maréchal ayant été fort long, il fut retenu à dîner, et ne revint que vers les neuf heures du soir, aussi surpris que charmé de sa rencontre.

Le commandant qui était à bord plutôt un chef de famille qu'un maître sévère et absolu, comme on le voit encore parfois dans la marine, le commandant, dis-je, nous rapporta une partie de son entretien. Il nous dépeignit Robin comme un homme privé des avantages que donne une éducation soignée, mais possédant cependant assez d'esprit naturel et d'un jugement assez juste pour approfondir certaines choses. Sa franchise, sa loyauté, et surtout son dévouement pour sa patrie charmèrent notre commandant. Bref, il nous en fit le plus grand éloge, et nous proposa de nous présenter à lui : ce dont il était convenu du reste avec le général. La réunion fut arrêtée pour le lendemain, à onze heures. L'uniformité la plus grande existant dans notre tenue, nous fûmes transportés à terre par deux embarcations élégamment décorées et armées. Du rivage, les aides-de-camp et quelques officiers nous conduisirent au gouvernement, où l'on nous rendit les honneurs de la veille.

Nous entrâmes dans un appartement assez vaste et décoré de quelques tableaux représentant des batailles de l'empire, et de quelques meubles en partie dans le genre européen, en partie dans le genre créole. On nous offrit de nous rafraîchir, et après les complimens d'usage, indispensables au début d'une conversation, le général et le commandant commencèrent, en s'adressant réciproquement des questions, l'un sur l'état de la France, et l'autre sur notre position envers les Hovas. La conversation étant devenue générale, et Robin ne pouvant plus contenir l'élan de son cœur, s'épancha et nous fit connaître en peu de mots sa position particulière et relative. Sachant que nous étions au fait d'une partie de son histoire, il ne nous cacha rien; et la franchise avec laquelle il nous en fit le récit nous confirma dans l'opinion qu'elle portait avec elle tous les caractères de la vérité. Je reviendrai donc un instant sur ce chapitre, mais je pense que le lecteur me pardonnera facilement cette digression, en faveur du sujet.

« Quoique d'une famille aisée, nous dit-il, mon éducation fut négligée, parce que la fougue de mon caractère m'entraînait toujours vers la carrière des armes que le bruit de nos succès me montrait à travers un prisme des plus brillans. Rien ne pouvait détruire chez moi ces rêves de gloire; je négligeai des études qu'on voulait me faire suivre pour être médecin, et remplacer plus tard un oncle qui jouissait d'une assez belle réputation. Le peu d'aptitude que j'apportais au travail ne suffisant pas pour dégoûter mes parens et les faire consentir à me laisser embrasser la carrière qui flattait tant mon amour-propre, j'attendis l'âge voulu pour l'engagement. À la fin de 1812, j'abandonnai parens et livres pour mettre mon projet à exécution. Le régiment de cavalerie dans lequel je servais étant parti, en 1813, pour l'armée du Nord, je fis une partie de cette campagne, et fus témoin de nos revers. La dynastie changeant, je laissai le service, toujours dans l'espoir de le reprendre dans un temps plus opportun, sous d'autres chefs, et surtout d'autres couleurs que celles qui flottaient, et qui m'étaient complètement étrangères. Les Cent Jours arrivèrent, et furent pour moi autant de jours de fête. Je voyais encore la possibilité de vaincre ces hordes ennemies qui avaient envahi notre belle France. Mais hélas! mes espérances et tout le charme qu'ells entraînaient avec elles, furent de trop courte durée. Malgré le grade de maréchal-des-logis que j'avais obtenu au champ d'honneur, je regrettais de n'avoir pu finir avec notre gloire militaire, et je rougissais d'être obligé de servir sous la domination de l'étranger. Je laissai le service une seconde fois. Ces réflexions trop pénibles me poursuivaient partout ; je pensai qu'en changeant de pays je diminuerais mes regrets. Je conçus alors le projet de reprendre du service dans les régimens destinés pour nos colonies. Je rentrai avec mon grade de sergent, et le hasard me destina pour Bourbon.

« Il y avait à peine deux ans que j'y étais, lorsque je me compromis dans une affaire malheureuse. L'influence de ce nouveau climat n'avait pas peu contribué à tendre encore davantage les ressorts d'une tête naturellement effervescente ; et des circonstances particulières vinrent augmenter le trouble que nos revers avaient mis dans mon imagination. Avec le système de gouvernement je vis tout changé : le privilége et l'arbitraire me paraissaient être les principaux ressorts des machines du monde de ce temps et je crus par cela même tout perdu à jamais.

Mon imagination se monta contre de pareils principes, je devins ennemi de ceux qui en recueillaient les avantages et il n'en fallut pas plus pour me porter à commettre des actes d'insubordination dont le jugement devait être sévère. Jeté dans les prisons de la colonie, je conçus le projet de m'évader à l'aide de quelques amis et surtout d'argent. Je parvins à me libérer ainsi que quelques compagnons d'infortune qui partageaient mes opinions. On nous procura un petit navire qui nous transporta chez nos voisins les Anglais, à l'Ile-de-France.

L'idée de me trouver chez des maîtres que je n'avais pu voir en France, me fit bientôt quitter cette colonie pour chercher fortune ailleurs que dans ma patrie que je ne pouvais plus voir. Je choisis alors Madagascar où j'arrivai sur un navire de commerce. Je débarquai à Tamatave en 1819. Sans fortune, je n'avais d'autre ressource que mon industrie, bien faible sans doute chez des nations barbares. En outre ma situation de proscrit était un nouvel obstacle près de ceux de mes compatriotes ou des étrangers qui auraient pu m'accueillir. Je restai le moins de temps possible sur la côte, où j'avais en outre à craindre les maladies. Je demandai au chef hova Radama l'autorisation de me rendre dans sa province ; je l'obtins, et là je trouvai plus facilement la possibilité de me tirer d'embarras. Je me livrai aux spéculations, ou plutôt j'aidai quelques spéculateurs dans leurs calculs. Trouvant là beaucoup de gens même parmi les naturels qui avaient des relations assez fréquentes avec Bourbon et surtout Maurice, je me rendis utile en facilitant leurs relations par une correspondance plus claire et plus suivie. J'appris à quelques-uns à lire et à écrire le français, à calculer. Ces services me valurent la reconnaissance et l'amitié de quelques individus qui firent en sorte d'embellir mon existence ; mais celui à qui je dois le plus, sous ce rapport, est le sieur Jolicœur, naturel malgache, qui gagna une assez belle aisance en faisant des voyages de Madagascar à Maurice pour le transport des bœufs. Il se maria dans la colonie anglaise avec une femme malabare, qu'il emmena à Emirne ; et depuis lors il ne quitta plus son pays. Il eut sept enfans, dont il envoya les aînés s'instruire à Maurice ; mais trouvant plus tard les moyens de le faire à moins de frais dans son pays, il garda ses trois dernières filles et me proposa de me prendre chez lui pour me charger de ce soin. Il y avait environ deux ans que j'étais établi plutôt en ami qu'en professeur dans cette maison hospitalière, lorsque je ressentis pour la jeune Clémentine, l'aînée de mes élèves, un sentiment d'affection toute particulière; cependant elle n'avait pas quinze ans, et n'offrait rien qui pût lui faire donner le titre de femme. La douceur de son caractère me séduisit au point que je résolus d'attendre l'époque de sa puberté pour l'épouser. Plus tard je fis part de mes intentions à son père, qui y consentit, à condition que j'attendrais qu'elle fût assez forte pour remplir les devoirs de femme et de mère. La tendresse se joignit aux soins que je lui avais portés jusqu'alors, et j'oubliais facilement la couleur de son front en pensant aux qualités de son cœur. Ce ne fut qu'en 1825 que j'obtins Clémentine, et que mon titre d'étranger fut remplacé dans la maison par un nouveau qui nous rapprochait davantage. Le père de ma femme qui était assez bien reçu du roi Radama (je dis maintenant roi, parce que ses vues et son empire s'étaient considérablement étendus), le père de Clémentine qui voyait l'accueil fait par le roi aux étrangers, concevant la possibilité de me procurer de très-grands avantages, me proposa de lui en parler, il le fit; et quelque temps après Radama me prit pour lui apprendre à lire, à écrire, à calculer, à parler français. J'avais moi-même employé mon temps, en apprenant la langue hova. Je ne fus point embarrassé, et je devins professeur élémentaire de sa majesté. Mon écolier aussi satisfait de mes leçons, que je l'étais de ses progrès, et surtout de ses procédés, me proposa de me nommer son secrétaire particulier; ce que j'acceptai dans l'espoir d'avoir plus tard auprès du roi une influence dont je pusse tirer parti. L'intérêt que je lui montrai me valut son affection et le titre de secrétaire intime. Il me communiquait tous ses projets, prenant mes avis, qui parfois n'étaient pas conformes à ses idées et causaient des discussions assez vives. Son caractère impérieux tenant du despotisme m'obligeait de lui dire des vérités un peu dures : ce que l'espèce humaine en général, et surtout les grands personnages ne veulent pas entendre. Deux fois nous nous séparâmes par suite de ces querelles ; mais la bonté de son cœur et le besoin qu'il avait de moi le faisaient toujours revenir. Cette franchise de ma part m'attira son amitié au point qu'il ne pouvait plus se passer de moi. Lorsqu'il fit ses guerres de l'ouest et de l'est, il voulut que je l'accompagnasse ; et c'est après la dernière, lorsque nous rentrâmes à Emirne, que, s'apercevant de l'influence, ou plutôt de l'ascendant qu'avait pris le parti anglais sur ses officiers, après m'avoir fait général il me nomma maréchal pour prendre le commandement de toute la côte de l'Est, en remplacement du prince Corollaire, qu'il a rappelé près de lui. »

Voici, je ne dirai pas textuellement, mais du moins aussi exactement que possible, le récit des événemens qui avaient amené Robin à Madagascar. Il est probable qu'il se sera glissé quelques erreurs dans les dates, mais on peut concevoir que la mémoire ne peut embrasser un grand nombre de faits en si peu de temps, et sur des lieux où on n'a d'autres moyens que celui-là, pour recueillir des observations de ce genre.

Ce qui fit le plus de plaisir à Robin, fut d'apprendre par les paquets que lui avait envoyés le gouverneur de Bourbon, qu'il était purgé de son jugement, et rentré en grâce. Bien qu'il fût au service de l'étranger, il pensait à sa patrie, et se faisait un bonheur de recevoir ses compatriotes. Lorsqu'on en vint à la position respective des deux nations, il nous fit entrevoir que le Roi était assez disposé à entrer en arrangemens, et dit à notre commandant que ce serait le sujet d'un entretien particulier. Après les choses sérieuses, viennent les plaisirs, et le sexe étant presque toujours l'objet de ces momens agréables, il fut mis sur le tapis. Sur ce sujet intéressant, Robin nous proposa de nous montrer sa femme et une des jeunes sœurs de celle-ci. Toutes deux mulâtres avaient des traits assez réguliers, une chevelure superbe et un air agréable, quoique embarrassé. Ce qui nous plut davantage, ce fut de pouvoir causer en français, cette jeune femme et sa sœur parlant assez correctement, avec quelques expressions et l'accent créoles. N'étant pas habituées à voir tant d'européens et surtout de militaires à la fois, leur embarras était facile à concevoir; mais malgré tout, leur contenance fut assez bonne. Nous reçûmes aussi la visite de quelques traitans, entre autres d'un monsieur Dayot, et d'un ministre anglais Jones dont nous parlerons plus tard. Il y avait déjà près de deux heures que nous étions à causer, lorsque nous vîmes un détachement entrer dans la cour. Le chef vint rendre compte au général de sa mission ; on fit faire à la troupe quelques temps de maniement d'armes à l'anglaise, après quoi elle rompit les rangs. Les commandemens se faisaient en langue hova. Robin nous dit que c'étaient des travailleurs qui revenaient de l'ouvrage, et que l'on habituait aux armes. Ils étaient habillés à l'anglaise, avec des habits rouges, des pantalons bleus, schakos, etc., excepté les souliers. Les officiers seuls portaient des bottes. Lorsque l'ouvrage était terminé, ou qu'ils n'étaient pas de service, ils mettaient bas l'habit militaire pour prendre le seimbout, costume du pays. Les officiers, lorsqu'ils prenaient ce costume, étaient encore remarquables, en ce qu'ils l'avaient toujours blanc.

Le seimbout n'étant qu'une partie du costume malgache ou madécasse, voici en quoi consiste cet habillement. Un sadic, pièce de toile blanche de deux aunes de long environ sur un quart de large, est destiné à couvrir la partie inférieure du corps et supérieure des cuisses, en passant autour des reins qu'il contourne, pour venir ensuite de là sur une des cuisses, de celle-ci à l'autre ; il les enveloppe toutes les deux. L'autre extrémité est passée dans le tour circulaire que forme la première ; ou bien, après avoir fait plusieurs tours circulaires sur les reins, on place une des extrémités en dedans de ces tours à hauteur du bas-ventre ; on le fait glisser de haut en bas entre les deux cuisses pour le fixer en arrière en le passant de bas en haut entre le corps et les tours circulaires déjà formés. Ceci représente et remplace jusqu'à un certain point notre chemise; l'autre pièce ou seimbout, est un morceau de toile bleue ayant toute sa largeur, qui est d'une aune, et qui en a au moins quatre de long. Ils se drapent à peu près comme les Romains, en s'entourant le tronc d'abord, puis les épaules; ou bien ils forment avec une des extrémités une espèce de tablier qui leur enveloppe les reins et la partie supérieure des cuisses, et le reste est jeté assez élégamment en écharpe, d'une épaule sur l'autre. Ils se servent aussi pour cette draperie, de toiles de différentes couleurs, d'indiennes, etc.

Mais revenons à notre sujet principal. Le maréchal et ses aides-de-camp étaient toujours en uniforme. Le premier portait un habit bleu à l'anglaise, avec paremens, collet, revers de velours noir, et galons en or; son pantalon bleu avait un large galon d'or sur la couture. Ses épaulettes étaient à la française, en or, à grosses torsades, et présentant sur leur corps une espèce de plaque traversée par deux bâtons rouges en croix. Le chapeau était d'uniforme français. Son arme était un grand sabre bancal à fourreau de cuivre doré, avec un ceinturon noir recouvert d'une ceinture rouge avec des franges d'or à grosses torsades.

Les aides-de-camp portaient l'uniforme de colonel anglais : leurs habits étaient rouges; les insignes de leurs grades étaient les mêmes, à l'exception du major, qui avait les épaulettes blanches, quand le colonel les avait jaunes.

Relativement à la désignation des grades, elle diffère de la nôtre; car chacun de leurs grades est représenté par l'ordre numérique d'un honneur. Ainsi, le premier honneur est le tambour, le soldat le second, le caporal le troisième, le sergent le quatrième, le sergent-major le cinquième, le sous-lieutenant le sixième, le lieutenant le septième, le capitaine le huitième, le major le neuvième, le colonel le dixième, le général le onzième, et le maréchal le douzième.

Tels sont les renseignemens que je recueillis dans cette première entrevue. Au sortir du fort, nous parcourûmes le village, formé d'une assez grande quantité de maisons parfaitement entourées de palissades, et représentant par leur construction régulière, des rues spacieuses. En nous dirigeant vers l'intérieur des terres, nous rencontrâmes le camp arabe. Comme le village il offre une nombreuse réunion de cases en charpente, en feuilles de l'arbre du voyageur. Outre l'endroit écarté qu'habitent ces étrangers, leurs manières les distinguent entièrement des naturels. Ceux-ci n'ont rien pris de ce peuple, surtout rien qui tienne à sa religion. La circoncision seule pourrait les rapprocher; mais elle se rattache plutôt à un besoin sanitaire qu'à un principe de l'islamisme; cependant, cette opération donne toujours lieu à une cérémonie et à une fête.

On compte à Tamatave cent à deux cents Arabes, nombre assez fort sur une population de quinze cents âmes au plus, tout compris.

Nous vînmes rejoindre le commandant qui était resté avec le maréchal. Ce dernier ne nous laissa retourner à bord qu'en nous fesant promettre de dîner avec lui le surlendemain.

Robin, amateur passionné de la chasse, vantant les ressources du pays pour cette espèce de plaisir, nous engagea à le partager avec lui le lendemain matin de bonne heure. Je crois devoir relater cette petite circonstance qui n'est pas dénuée d'intérêt.

Arrivés à bord, nous mîmes aussitôt nos fusils entre les mains de l'armurier; nos munitions furent bientôt préparées; l'idée de cette course dans un pays tout nouveau, nous éveilla de bonne heure. Le matin au point du jour, une embarcation mise à nos ordres, nous transporta à terre. Le gouverneur faisait préparer aussi son attirail. Nous vîmes avec surprise une garde de vingt-cinq hommes armés, rangés en bataille dans la cour, et à peu près autant sans armes; une partie de ceux-ci restait les bras croisés; les autres disposaient des palanquins ou plutôt d'élégans brancards, et mettaient les harnais aux chevaux. Robin nous ayant donné à choisir, nous prîmes trois chevaux; il préféra le brancard. Notre départ avait quelque chose de curieux et d'imposant. Lorsque tout fut prêt, des hommes chargés de provisions, marchèrent par-devant, escortés de deux soldats,

Nous marchions ensuite avec le reste de la troupe, et deux serviteurs pour chacun de nous. L'un devait surveiller le cheval, le tenir par la bride lorsque nous descendions pour tirer quelque pièce ; l'autre porter le fusil quand nous étions à cheval, et ramasser le gibier que les chiens allaient chercher. Nous fîmes environ deux lieues sans presque tirer, marchant dans un ordre parfait, moins occupés de la chasse, que des récits de Robin, et de ce qu'il nous rapportait de ce pays. Chemin fesant, il nous indiqua un lieu où s'offriraient à nous vue attrayante et ample source de gibier. Il avait recommandé à ses noirs de s'y arrêter, et de préparer tout pour le déjeuner. Peu après notre sortie de Tamatave, nous passâmes une rivière qui communiquait à des lacs profonds et larges, que nous rencontrâmes dans l'intérieur, et sur les bords desquels se tenaient beaucoup d'oiseaux de la famille des palmipèdes et de celle des échassiers. Une grande quantité de caïmans et de crocodiles rendait, nous dit-on, ces lieux fort dangereux. Radama avait ordonné de faire de cette rivière un canal navigable par le moyen d'un quai, et d'y jeter un pont pour le passage. Ces travaux étaient en activité lors de notre séjour sur ce point. En avançant dans l'intérieur, nous trouvâmes des plaines fort étendues, parfois entrecoupées de marais ou de touffes d'arbres. On y rencontrait assez souvent les restes de plantations fraîchement récoltées, où les alouettes, les cailles et autres gallinacés cherchaient pâture. Nous arrivâmes enfin à l'endroit désigné pour le repas, mais avant nous fîmes une courbe ; les bois ne permettant plus d'aller à cheval, nous descendîmes. Un des noirs nous découvrait le gibier ; pintades, pigeons verts, bleus, tourterelles d'une grosseur prodigieuse, merles, perroquets, etc., tout cela en profusion. Nos provisions de gibier furent bientôt faites, et nous songeâmes au déjeuner. Le lieu du rendez-vous était abrité par de grands arbres, qui entretenaient la fraîcheur et la verdure de la pelouse. Déjà tout était dressé, lorsqu'au moment de nous mettre à table, nous aperçûmes une douzaine de pigeons bleus tranquillement perchés sur un arbre sec très-élevé. A un signal donné, trois de nos fusils donnèrent la mort à huit de ces malheureuses bêtes. Ravis de ce meurtre, nous nous installâmes autour d'une table rustique, formée de larges feuilles étendues par terre, et sur laquelle étaient servis avec ordre des mets exquis, relevés encore par des appétits de chasseurs.

Ces sentinelles qui nous entouraient, cette foule de serviteurs, ces chevaux qui paissaient à quelque distance, tout cela formait un spectacle curieux et pittoresque, et faisait croire à la présence de quelque prince, d'un roi même. Eh bien, ce n'était en ce moment que des Français jouissant du bonheur d'être ensemble et de s'entretenir d'une patrie éloignée de quatre mille lieues.

Après nous, nos gens se mirent à table ; ils furent aussi bien traités que leurs maîtres. Pas la moindre trace de mécontentement chez ces noirs, malgré la fatigue qu'ils avaient endurée par cette course et le transport de nos bagages.

Lorsqu'on se disposa au départ, on envoya devant tous les porteurs ; et nous restâmes avec nos soldats, nos deux noirs de service pour chacun, et les huit autres destinés au brancard de notre amphytrion. En route nous nous amusâmes à tirer les cailles, les oiseaux de marais et les canards que nous avions négligés jusque-là. Il m'arriva à ce sujet une chose assez plaisante : nous étions à une demi-lieue environ de Tamatave, lorsque apercevant une caille, je descendis de cheval pour la tirer. Les deux noirs occupés du gibier négligèrent de prendre la bride de mon cheval ; cet animal se sentant libre, prit le galop et courut du côté du village. Un de mes domestiques se mit à sa poursuite, mais ne put le rejoindre que dans l'écurie. Il le relança aussitôt et me le ramena aussi vite qu'il était parti. Je laisse à penser quel fut mon embarras en me voyant ainsi démonté, et combien mes compagnons eurent à rire de mon air étonné. La maîtresse du cheval, madame Robin, avait été fort surprise, inquiète même de le voir arriver tout seul jusqu'à ce que le noir lui eut raconté ma plaisante aventure, dont elle s'amusa beaucoup.

De retour de notre course, les militaires et gens de peines congédiés, puis les lazzis sur mon compte terminés, nous visitâmes les nombreuses victimes de notre journée. Il y en avait bien quarante : vrai massacre des innocens. Après avoir offert le tout à la dame de la maison et pris congé d'elle, nous regagnâmes le bord aussi satisfaits que possible d'une pareille partie de plaisir.

Le lendemain c'était au tour du dîner diplomatique: tenue sévère. A trois heures et demie nous nous rendîmes chez le commandant ; à quatre heures on laissa le bord. Les aides-de-camp envoyés pour nous recevoir étaient en grande tenue d'officiers supérieurs anglais. Les honneurs d'usage nous furent rendus. Le maréchal avait réuni plusieurs officiers hovas, M. Dayot, négociant, le missionnaire Jones, et M. Josse, créole de Maurice, qui avait pour femme une des sœurs de madame Robin. Lorsque le dîner fut servi, nous vîmes entrer cinq dames. Cette réunion se composait de madame la maréchale, de sa sœur aînée, femme du Mauricien, négociant à Tamatave, d'une autre sœur de quinze à seize ans au plus, mademoiselle Léontine, d'une amie, mademoiselle Ismène-Jean-Réné, âgée de dix-huit ans, enfin, d'une européenne de cinquante ans, dame de compagnie de cette jeune princesse. Le gouverneur nous ayant priés de passer dans une pièce voisine où nous attendait le dîner, nous offrîmes la main à ces dames ; leur répartition bien entendue entre ces étrangers, nous procura le plaisir de causer avec elles. Toutes parlaient français. Ismène surtout qui avait commencé à Maurice et fini avec cette vieille dame son éducation, annonçait un assez grand usage du monde. Les sujets de conversation très-variés permirent à chacun d'y prendre part; les entretiens devenaient tantôt généraux, tantôt particuliers. La maîtresse de la maison annonçait une très-grande douceur de caractère; on voyait en outre, qu'elle avait l'habitude de recevoir; ses manières n'avaient rien d'emprunté ni de forcé. Sa sœur aînée, d'une taille avantageuse et d'une constitution, je pourrais dire trop robuste pour une femme, offrait avec elle un contraste piquant sous le rapport du physique et celui du caractère. Le sien paraissait tenir à la vigueur de sa constitution. Son regard, d'une vivacité remarquable, annonçait imagination, force d'esprit, et fleur de santé.

Comment faire ressortir à côté d'un pareil modèle, les avantages d'une jeune fille de quinze ans, à moins de parler de la douceur, de la candeur de cet âge, de l'espèce d'embarras que mademoiselle Léontine devait éprouver en se trouvant entourée de figures toutes nouvelles. La crainte d'une parole, d'un geste indiscret la gênait évidemment; pas au point de la rendre muette ou monosyllabique, comme nos minaudières européennes.

La jeune princesse malgache, bien plus avancée par l'habitude des pensions et de la société, joignait à un caractère vif et un peu léger, une gaîté qui la rapprochait beaucoup de nos Françaises. La musique lui avait été enseignée : elle ne se fit pas prier pour chanter. La guitare, autrefois si aimée chez nous, lui servait d'accompagnement. Sa voix agréable et douce se mêlait assez bien aux accords de l'instrument ; mais il lui manquait, comme à toutes les écolières, de l'aplomb et de la pureté dans la prononciation. Elle chanta avec goût deux vieilles romances françaises. Son expression était toujours juste et bien sentie. En échange, nous lui fîmes entendre quelques morceaux nouveaux qui la charmèrent.

La politique ne fut pas oubliée dans la conversation, et donna lieu à de nombreux argumens plus ou moins serrés de part et d'autre. Je jugeai là l'esprit pénétrant du missionnaire anglais. Faisait-il quelque concession à nos argumens, c'était pour les embarrasser davantage plus tard par des propositions délicates, déjà combinées dans sa tête. Agent de son gouvernement sur cette terre étrangère, il avait mûrement approfondi l'état des choses, et trouvé pour les siens les moyens de succès les plus convenables. Notre présence momentanée n'apportait qu'un retard à ses projets, non un échec. Il fit ressortir les services signalés rendus aux Hovas par les Anglais qui avaient apporté les lumières dans ce pays barbare. Bien que Radama fût un despote, il ne pouvait manquer d'être reconnaissant envers les auteurs de sa domination. En ce moment le roi avait, à la suite de quelques différends, envoyé le missionnaire à Tamatave, le recommandant toutefois à Robin. Son esprit de pénétration avait sans doute fait naître des soupçons et de la crainte chez le Hova, dont l'amour-propre était peut-être un peu piqué.

Le sujet de la religion fit triompher Jones ; il lui était facile de prouver que si, sous ce rapport, ses compatriotes ne se faisaient pas plus de prosélytes, du moins étaient-ils plus tolérés ; leur politique s'opposant aux changemens trop prompts de principes chez les prétendus sauvages. Enfin, les longues argumentations à peu près finies, (le sont-elles jamais complètement ?) on en revint aux entretiens moins profonds, et la gaîté reparut au dessert sur tous les visages qu'elle illumina. Le maréchal porta un toast à la santé du roi de France. Aussitôt une salve d'artillerie se fit entendre. Le commandant à son tour souhaita longue santé à Radama, et prochaine union aux deux peuples. Robin interpréta aux officiers hovas qui n'entendaient pas le français ce qui venait d'être dit ; et le canon de la corvette appuya ce vœu de fraternisation.

Sans parler du luxe et de l'abondance de ce repas, l'ordre et la symétrie y étaient scrupuleusement observés. Les vins de diverses espèces, jusqu'au champagne, se succédèrent sans interruption. D'élégantes lampes placées à temps, nous avaient fait oublier la chute du jour. Enfin, nos estomacs plus embarrassés que nos cerveaux n'étaient échauffés, nous avertirent de nous retirer.

Le maréchal proposa alors de danser. Quelques-uns d'entre nous s'offrirent pour monter l'orchestre. Alors on nous apporta flûtes, violons, guitares, etc., et les quatre jeunes dames se mirent à sauter. Des valses et contredanses du dernier hiver, que nous avions apportées de France, leur parurent des chefs-d'œuvre. La danse fut entremêlée de chants dans les momens de repos. La jeune Ismène, avec qui j'avais causé musique, m'ayant laissé entrevoir qu'elle connaissait quelques romances, je la priai de nous en faire entendre : ce dont elle s'acquitta fort bien.

La nuit était fort avancée ; le commandant nous demanda si nous nous disposions à retourner à bord. Nous prîmes alors congé de Robin et de ses dames, après avoir fait venir nos matelots qu'on hébergeait à l'office du gouverneur.

M. Dayot, dont je n'ai point encore fait mention, nous engagea pour le lendemain, en nous prévenant que la réunion d'hommes serait la même, et que ce serait un repas de garçons. Le commandant, qui commençait à se lasser de ces dîners, quoiqu'il fût gai par nature, ne crut pas devoir refuser, d'autant plus que ce monsieur avait été agent commercial de notre gouvernement. Il en portait le titre sur une médaille d'or qui représentait d'un côté la figure de Louis XVIII, de l'autre un bœuf avec cette légende : Agent français à Madagascar.

Le lendemain, nous fîmes de nouveaux préparatifs, mais avec moins d'apparat que la veille. Nous trouvâmes, ainsi que l'avait promis notre hôte, le maréchal et tout le reste de sa société. Pendant qu'on s'entretenait par groupes en attendant le dîner, Robin me prit à part et me proposa du service

7

avec Radama. Je lui objectai que la chose était impossible : entretenu par la marine, il me faudrait donner ma démission ; ce que je n'étais pas disposé à faire ; puis, je ne pouvais pas quitter mon navire sans être remplacé.

Il reprit : « Si je vous fais cette proposition, ce n'est pas pour vous enlever à notre chère patrie ; mais les services que vous lui rendriez ici lui seraient aussi utiles, et à vous lucratifs et honorables. Voici comment : Radama est atteint d'une maladie chirurgicale qui paraît prendre un caractère fâcheux, et menace de compromettre son existence (une fistule à l'anus avec des complications, dont nous ignorons les causes). Plusieurs personnes lui ont offert leurs soins ; un médecin anglais de Maurice est même venu pour le traiter ; mais il refuse sa confiance à tous ces gens-là, et m'a écrit tout récemment de lui procurer un médecin français ; qu'avec le titre de médecin de sa majesté il lui accorderait tous les émolumens, tous les avantages qu'il désirerait ; qu'ainsi je pouvais compter sur la véracité de ces propositions ; qu'en second lieu son intention étant, lorsqu'il serait rétabli, d'envoyer une ambassade près des puissances étrangères, en France, en Angleterre et en Russie, j'en ferais partie, si je le jugeais à propos. »

—Je lui laissai entrevoir que je n'étais pas libre d'abandonner des hommes confiés à mes soins ; en outre, n'était-il pas dangereux pour moi de renoncer à une carrière avantageuse : la place de chirurgien-major à

Sainte-Marie venant de m'être offerte? Pour faire le sacrifice de mon état, de ma famille, de mon pays, il fallait que je susse au juste à quoi prétendre. Il me proposa d'en écrire lui-même, ou plutôt d'en faire écrire par Radama au gouverneur de Bourbon, en le priant d'obtenir l'autorisation du gouvernement français pour mon passage à son service; Radama donnerait aussi connaissance des conditions de mon engagement.

Je lui répondis alors qu'à mon arrivée à Bourbon j'attendrais la décision du gouverneur : nous convînmes de garder le secret. Cette circonstance me lia davantage avec le maréchal, et donna lieu, comme on le verra plus tard, à une correspondance particulière.

Pour en revenir à M. Dayot, après cet entretien qui fut long, nous rentrâmes et fûmes présentés à ses concubines et filles naturelles qui étaient blanches. Ayant renvoyé son épouse pour vivre avec plusieurs femmes de diverses couleurs, il avait conservé près de lui sa fille légitime. Cette jeune personne était aussi intéressante par sa fausse position que par sa physionomie remarquable et quelques talens d'agrément. Son père n'était pas ignorant; il avait une mémoire assez bien ornée; son goût pour le dessin lui avait fait faire un album d'histoire naturelle du pays contenant les objets les plus curieux des trois règnes et recueillis à Madagascar; ouvrage précieux par les sujets qu'il renfermait et le soin mis à les représenter.

La vie désordonnée qu'il avait menée lui causait une foule d'infirmités. Toutes les maladies avaient déposé leurs cartes chez lui, douleurs nerveuses, rhumatismes, ulcères, etc., pas assez pour le tuer de suite, assez pour le rendre impotent. Son élocution facile le rendait prolixe, ennuyeux surtout, et le ton de cour qu'il voulait prendre auprès de Radama dégénérait en une habitude d'adulation telle qu'elle semblait son élément. Votre nom lui était trop peu de chose ; quelque minime que fût votre titre, ce n'était que par là qu'il vous désignait ou vous appelait. Sa duplicité ne me resta pas long-temps cachée. Se rappelant la lutte que le missionnaire Jones eut à soutenir chez le maréchal, il le prit en particulier, et lui dit en anglais qu'il empêcherait bien le retour de discussions aussi pénibles. Mais le missionnaire se défendit de ses éloges en homme d'esprit. Alors M. Dayot vint nous complimenter sur notre manière de défendre nos intérêts, nous accordant l'avantage, et souhaitant de nous voir dominer sur ce fertile territoire en sa double qualité de Français et d'ancien agent commercial. Cette conduite à deux faces nous indigna.

Après le repas fort bien servi, nous passâmes dans un salon où des tables de jeu étaient dressées. On se jeta de prédilection sur l'écarté, et les piastres d'Espagne figurèrent jusque vers minuit. Une pluie des plus abondantes nous ayant retenus jusqu'à une heure du matin, quelques-uns des conviés se décidèrent à rester chez notre hôte, qui fit en outre près d'eux l'office de l'ami Bonneau. Nous, qui étions fatigués, ne souhaitions que du repos. Robin nous offrit un asile dans sa maison. Le lendemain matin nous regagnâmes le bord, fort contens de mettre fin à une vie aussi déraisonnable.

Le commandant, qui ne voulait pas rester en arrière dans cet échange d'honnêtetés, et désirait réparer la faute commise sous ce rapport à Foulepointe, songea à engager le maréchal avec tous ces messieurs. Le lendemain, ses lettres étaient portées. Chacun concourut aux préparatifs; on s'apprêtait à traiter en grand. Au jour et à l'heure dits, on envoya à terre les embarcations armées et élégamment décorées. Le navire, pavoisé, portait à l'extrémité droite de la grande vergue le pavillon de Radama : lorsque le maréchal abandonna le sol, la corvette salua l'embarcation de treize coups de canon. Le commandant, avec son état-major, le reçut à l'échelle. Lorsqu'il mit le pied sur le pont, il passa devant l'équipage, placé en ligne sur les gaillards : la garde porta les armes et le tambour battit le rappel.

Pendant ce temps, le second de la corvette et l'officier de quart s'occupaient de faire monter les dames par le moyen de l'échelle du commandement. On les promena sur le pont ; ensuite on fut voir la batterie, où tous les hommes étaient à leurs pièces comme au branle-bas du combat. On descendit dans le faux pont, où on visita les chambres des officiers, et de là on remonta dans la batterie pour entrer dans la chambre du commandant, après avoir visité le navire de l'avant à l'arrière : le poste des malades même ne fut pas oublié. Lorsque cette inspection fut terminée, on fit rompre les rangs à l'équipage, et le tambour annonça successivement son souper et notre dîner.

Depuis le matin, le temps menaçait de nous donner de la pluie : peu de temps après notre rentrée chez le commandant, des grains se firent sentir. Toutes les dispositions étant prises pour le mauvais temps, on n'en ressentit pas le moindre effet : seulement la mer étant devenue un peu houleuse, plusieurs de nos convives, les officiers hovas surtout, furent malades au point de ne pouvoir rester à table. Ces dames, qui éprouvaient aussi un grand dérangement, ne s'y laissèrent cependant pas aller ; elles passaient tour à tour de la table sur les coussins de la galerie du commandant, *et vice versâ*. Le maréchal, son beau-frère, le missionnaire Jones et M. Dayot firent bonne contenance jusqu'à la fin.

Au moment du dessert, toutes les dispositions ayant été prises, le commandant proposa un toast à Radama, accueilli par tout le monde. Il fallut que les officiers hovas y assistassent. Ces dames ayant assuré que le canon ne les effraierait pas, bientôt on en entendit un coup, suivi de vingt autres. Je laisse à penser l'effet que produisit sur nos convives féminins cette sérénade jointe à une épaisse fumée et à l'odeur de la poudre. De petites maîtresses eussent joué des nerfs; elles rirent, au contraire, et s'amusèrent de tout ce bruit. Le toast porté par Robin au roi de France, et le salut du fort vinrent ensuite : c'était de rigueur.

Quand ces âmes de bronze eurent terminé leur concert, on pria mademoiselle Ismène de nous parler dans un langage plus doux que celui-là; un instrument lui fut offert pour s'accompagner; elle nous fit entendre deux romances françaises. Le chant, la musique furent continués à la ronde, chacun s'exécutant suivant ses moyens.

Le mal de mer qui incommodait de plus en plus nos convives, les obligea de se retirer malgré le temps devenu épouvantable. Il ventait tellement fort et il tombait de telles averses, que le commandant insista tant qu'il put pour retenir la compagnie; mais les dames préférèrent à passer une nuit à bord, perdre leurs élégantes coiffures et leurs robes de tulle : on les fit reconduire. Pour dédommager nos matelots de leurs peines, Robin leur remit une somme de cinquante francs.

Plus de quinze jours s'étant déjà écoulés depuis notre départ de Sainte-Marie, et notre équipage souffrant beaucoup des mauvais temps, le commandant fit ses dispositions de départ. Il passa encore deux ou trois journées en conférence avec le général ; pendant ce temps on prépara l'appareillage. Le 17 juin, nous mîmes sous voiles, après avoir fait nos adieux à Robin, à qui nous laissâmes, comme souvenir, divers objets, livres nouveaux, etc.

Si je suis entré dans ces longs détails sur les incidens de notre séjour dans ces parages, c'est pour montrer l'utilité de ces relations intimes entre chefs de nation et apprendre combien la représentation flatte l'étranger chez lequel on se trouve. J'insiste là-dessus, parce que dans notre marine les officiers supérieurs ne tiennent pas malheureusement à la dignité ; ils marchent à côté de leur position élevée, et ne remplissent pas les vues du gouvernement par des économies maladroites sur les fonds alloués pour la représentation. Ils considèrent le navire comme une vache à lait ; la plupart du temps ils s'éloignent des officiers et se brouillent avec eux pour n'avoir pas à dépenser. Mais ce sujet m'entraînerait trop loin ; je reviens à mon voyage.

Les pluies nous causèrent beaucoup de maladies ; trois hommes moururent pendant les treize jours de traversée de Tamatave à Bourbon. Le pilote de cette île fut du nombre. Arrivés en rade de Saint-Denis, dans les premiers jours de juillet, nous trouvâmes la corvette de charge *la Meuse*, qui portait des troupes africaines, commandées par M. le capitaine d'artillerie Schœll et deux sous-lieutenans du même corps. Il y avait aussi sur cette corvette un secrétaire-archiviste, des ouvriers civils, etc. Elle partit pour sa destination peu après notre arrivée. Notre équipage ayant besoin de repos, nous restâmes un mois sur la rade presque sans rien faire, et au bout de ce temps nous prîmes un nouveau chargement pour Sainte-Marie de Madagascar.

CHAPITRE VI.

Changement de gouverneur. Révolte des noirs africains. Zèle infatigable de M. Schœll. Mort de Radama. Ses effets désastreux pour les Hovas. Tyrannie de son successeur, la reine Ranavalo.

M. CARAYON avait encore une fois laissé le service pour planter ses cannes à sucre à Tsaarac, et continuer ses établissemens. M. Schœll prit les rênes du gouvernement par dépêche ministérielle : ce qui produisit un effet d'autant plus fâcheux, qu'étant capitaine en second d'artillerie de marine, il avait sous ses ordres un capitaine en premier d'artillerie de terre.

Cependant le nouveau commandant, qui ne cherchait qu'à se mettre bien avec tout le monde, eut pour son collègue Bellet tous les égards possibles, au point qu'il nous engagea, lui et moi, comme chefs de service, et le secrétaire-archiviste, comme ancienne connaissance, à former une table. Les officiers suivirent cet exemple, de sorte que l'ordre le plus parfait régnait partout. L'activité de ce jeune officier fit entreprendre beaucoup de travaux. D'abord toutes les cases furent bien closes au moyen de portes et fenêtres en bois, des casernes bâties avec solidité; puis des fours à briques et à chaux construits pour fournir des matériaux. On devait aussi travailler à un quai de carénage sur l'îlot de Sainte-Marie, à l'entrée de la baie; mais le seul employé du génie qui se trouvât dans la colonie, vieux conducteur de travaux, n'étant pas capable de diriger une pareille entreprise, on y renonça. L'Arsenal, les magasins, l'hôpital surtout, furent parfaitement approvisionnés.

M. Schœll voulant convertir ses noirs en soldats et ouvriers, leur faisait faire chaque matin deux heures d'exercice, de cinq à sept en été, de six à huit en hiver; de là ils se rendaient à leurs travaux respectifs jusqu'à onze heures; alors ils rentraient pour dîner, et après s'être reposés jusqu'à deux heures du soir, reprenaient leur tâche jusqu'à six.

Sur quatre cents noirs environ que possédait l'établissement, cent quatre-vingt avaient été transportés du Sénégal par M. Schœll. Ces hommes robustes étaient sans doute propres aux travaux qu'on devait exécuter, et leur esprit belliqueux convenait bien pour les projets d'expéditions formés tant par le ministère que par les agens de Bourbon; mais on n'avait pas pris garde à leur férocité naturelle. Pour que la formation de ces deux compagnies parût sous un jour économique, on les laissa long-temps sans vêtemens ou à peu près. Leur nourriture était assez bonne; mais la fatigue de leurs travaux, les coups violens qu'on leur prodiguait les exaspérèrent au point de former secrètement le plan d'une révolte.

Rien n'avait transpiré, lorsque le 19 septembre de la même année, deux mois après leur arrivée, ils mirent leur projet à exécution. A cinq heures du matin, ayant pris leurs armes, ils se mirent à marcher en ordre comme de coutume; mais au détour d'une rue, ils se débandèrent, croisèrent la baïonnette et tombèrent sur leurs sous-officiers instructeurs, dont deux furent grièvement blessés. L'un mourut quelques mois après des suites de ses blessures, qui étaient sept coups de baïonnette, quatre à la tête, trois au ventre. Le second avait reçu un coup du même genre dans les reins. L'alarme se mit dans l'îlot. On battit la générale; et, grâce à la vigilance du capitaine d'artillerie Bellet, toute la garnison blanche fut en un clin-d'œil sous les armes; les pièces d'artillerie chargées, les mèches allumées, et le reste des troupes placé sur la plate-forme du fort, et prêt à faire feu sur les révoltés.

Les officiers de ces compagnies arrivèrent au moment où le nommé Sarrasin, commandant la compagnie malgache, parvenait à faire mettre bas les armes aux Africains.

En visitant les casernes, on trouva des baïonnettes et d'autres armes blanches cachées sous les lits de camp. On fut en même temps à la recherche des chefs du complot. Huit de ces hommes furent signalés par leurs propres camarades, surtout par ceux qui, ayant obtenu le grade d'appointé ou caporal, tenaient à le conserver. Un de ces malheureux refusant opiniâtrement de se rendre, reçut, d'un jeune appointé, un coup de sabre, qui lui abattit presque en entier le poignet.

Le commandant arrivé à la fin de l'émeute, ordonna de suite une enquête. Dès ce jour même, on reçut la déposition des témoins, et il fut ordonné un conseil de guerre pour le lendemain.

Le capitaine Bellet présidait ce conseil, composé des deux officiers des compagnies noires, du lieutenant d'ouvriers, du sergent-major d'artillerie, secrétaire. Le commandant me pria de lui adresser un rapport sur la nature des blessures, pièce nécessaire au procès. Un commis d'administration fut chargé de la défense des coupables.

A dix heures du matin, la séance s'ouvrit. Une garde renforcée au poste de la prison et une autre entourant la chambre du conseil en dehors et en dedans, assuraient la tranquillité. Une nouvelle déposition des témoins fut entendue et confrontée avec celle de la veille. Les huit prévenus furent bien reconnus coupables, mais à des degrés différens. D'après cela, par suite du plaidoyer de leur avocat, et après un débat assez long, ce ne fut qu'à six heures du soir que le jugement définitif fut prononcé : deux condamnés à mort, quatre à une correction corporelle et à deux ans de chaînes; les deux autres à une détention d'un mois au cachot. La décision du jury ayant été portée, séance tenante, au commandant, il la signa de suite et en ordonna l'exécution pour le lendemain matin. A six heures on battit le rappel : les troupes blanches et la compagnie malgache se rangèrent en bataille devant leurs casernes ; la compagnie africaine prit aussi son rang, mais sans armes : les troupes chargèrent les leurs devant les noirs, après quoi on se rendit en ordre à la cour des ateliers, où devait avoir lieu l'exécution. Le corps des officiers, en grande tenue, occupait l'extrémité des hangards. Le lieutenant d'artillerie commandait les troupes armées ; un sous-officier des compagnies noires commandait les Hyolofs; et un sergent-major, le peloton qui conduisait les condamnés. Les Hyolofs faisaient face à une butte en terre, à vingt pas environ : devant eux était un détachement de vingt-cinq caporaux ou appointés noirs chargés de l'exécution. A droite, sur les côtés, les troupes blanches ; à gauche, la compagnie malgache : le tambour, battant aux champs, annonça l'arrivée des patiens. Les deux condamnés à mort furent mis à genoux au pied de la butte; on leur banda les yeux et on lut le jugement : les six autres étaient à genoux en avant des troupes blanches. Pendant la lecture, celui des coupables qui avait reçu le coup de sabre conserva le plus grand sang-froid; mais le second, plus timide, redoutant l'approche de la mort, se courbait, comme s'il eût pu par là l'éviter. On fut obligé de le tenir droit jusqu'au moment où la décharge du peloton l'étendit à côté de son compagnon d'infortune.

Les troupes et le reste des condamnés défilèrent

devant les cadavres, et on conduisit les quatre autres malheureux au lieu de leur souffrance. Les hommes qui avaient été chargés de la première exécution eurent encore celle-ci à remplir. Ayant remplacé leurs armes par des bouts de corde de la grosseur du doigt, ils frappèrent ces nègres attachés sur des planches. Le nombre des coups n'étant pas déterminé, et chacun frappant jusqu'à ce qu'il fût las, il en résulta pour chaque patient plus de deux cents coups qui les mirent en lambeaux. Par suite de ce traitement, plus barbare que l'autre, deux d'entre eux succombèrent, l'un à un tétanos, l'autre à une affection inflammatoire et abdominale des plus aiguës.

Les accusés avaient déclaré dans leur défense que les mauvais traitemens journaliers, l'atmosphère trop froide de ce nouveau pays (la saison pluvieuse était effectivement fatale pour eux) leur avaient fait regretter leur patrie et chercher les moyens de secouer un joug aussi pénible; qu'ils avaient eu en effet l'intention d'égorger tous les blancs.

Un tel aveu dessilla les yeux de l'autorité : dès ce moment ordre fut donné aux officiers de ces compagnies de les traiter avec plus de douceur, de supprimer surtout les coups de fouet souvent arbitrairement appliqués. On les habilla; mais ici il se glissa un abus qui prouve que les petits pâtissent toujours des sottises des grands : éternel adage trop de fois applicable.

Lorsqu'il fut question de vêtir les noirs, on alla prendre au magasin la quantité de toile bleue et de toile blanche nécessaires pour faire à chacun un pantalon et une blouse. Mais, grâce à l'ordre qui régnait surtout dans cette partie de l'administration, on trouva un déficit énorme dans les pièces de la première espèce de toile…. Sans chercher à en connaître la cause, le commandant ne voulut pas donner suite à cette affaire, de sorte qu'on porta la même quantité en consommation, malgré le refus de signer de quelques employés. On ajouta à l'habillement une vareuse en rabans.

Cette toile fabriquée par les naturels, avec le fil tiré des feuilles du Rafia, sorte de palmier, n'étant pas très-chaude, ils auraient eu besoin d'autre chose. Mais un pantalon blanc ne pouvant être fait avec cette étoffe grossière, on y substitua une longue et large bande de toile, pour s'entourer le bas du tronc à la mode de leur pays, et ils mirent la vareuse par-dessus.

Tel fut leur vêtement pendant plus de six mois. Il était depuis long-temps en lambeaux, quand l'époque fixée pour de nouvelles dépenses arriva. Il résulta de ce principe inhumain d'économie, qu'un grand nombre de ces malheureux entra à l'hôpital pour des affections catarrhales de la poitrine, et des irritations abdominales. Les Malgaches, habitués à ces changemens de température, eurent moins à souffrir que les Africains.

Malgré tout, le commandant, sincèrement dévoué aux intérêts de la colonie, et désireux de la voir prospérer, ne se contentait pas d'apporter des modifications avantageuses à l'intérieur. Il visitait tous les établissemens avec une grande exactitude, et donnait des soins constans à ses subordonnés; rien ne manquait aux malades. Il allait souvent dans les ateliers, suivait les constructions, et s'entendait sur les améliorations avec les chefs de service; enfin, il remplissait dignement ses devoirs. Les progrès de la culture l'occupaient beaucoup aussi; il engageait non seulement les traitans à en augmenter les ressources, mais encore les employés à former des établissemens agricoles: ce qui a valu à quelques-uns des ces derniers, la perte de leurs économies. Il cherchait à établir des relations commerciales avec la Grande-Terre; elles devinrent plus difficiles à la mort de Radama, tout le pays ayant éprouvé une révolution générale; on ne put même se procurer de denrées que par l'émigration des naturels qui refusaient de se soumettre au nouveau gouvernement. Laissons un moment Sainte-Marie, pour jeter un coup d'œil sur l'intérieur de Madagascar.

Le parti anglais qui connaissait parfaitement l'état du roi, avait formé son plan d'avance, pour donner à son influence plus d'autorité. Un moyen leur paraissait convenable: c'était de mettre à la tête du gouvernement un de leurs élèves, commandant pour eux et par eux; tout devait se faire au nom d'une femme, mannequin royal par son âge et son ignorance. Andimiase, jeune érudit des écoles anglaises, devenu l'amant de la reine, devait prendre bientôt un titre plus important. En effet, Radama meurt au mois de

8

septembre. Ranavalo fait valoir aussitôt son titre de femme doyenne, pour réclamer la couronne. Tout ce qui se met en opposition est poursuivi et impitoyablement égorgé. L'âge, le sexe, rien n'obtient grâce; elle monte sur son trône sanglant, en passant sur des monceaux de victimes. Ceux qui portent ombrage à sa puissance, sont poursuivis jusqu'à ce qu'ils aient éprouvé le même sort. Ramanetac, prince du sang, qui avait feint de prendre parti pour la reine, demande des forces, afin d'aller la faire reconnaître par les Saclaves. Il part avec quatre-vingt-dix hommes équipés et armés, et cent esclaves, et passe au service du sultan d'Angouan. Ramananoul, qui s'était réfugié au Fort-Dauphin, avec un parti assez considérable, et qui s'augmentait chaque jour, ne peut résister longtemps. Il succombe victime de sa bonne foi, assassiné par des gens, qui sous prétexte de renoncer à l'infâme parti dominant, lui offraient leurs bras; tout ce qui a épousé sa querelle, tombe sous le fer homicide des sicaires du pouvoir absolu.

CHAPITRE VII.

Robin donne sa démission de gouverneur. Périls qui l'entourent. Sa noble justification. Mort de Rafarla. Domination anglaise établie par un favori. Nombreuses émigrations des naturels de la Grande-Terre à Sainte-Marie. M. Schœll continue à améliorer l'état de la colonie.

Robin resté à Tamatave, ne tarde pas à être accusé de concussion et de malversation. Il est appelé à Tananarive, où il court s'expliquer avec la reine. Mais fier de son titre d'étranger, il s'en sert pour menacer Ranavalo de la vengeance de ses compatriotes, s'il éprouve le sort des fidèles serviteurs du feu roi. Il lui expose sa conduite, lui donne des preuves de sa probité, et déclare qu'après un tel affront il n'est plus au service des Hovas, mais demande à reprendre son titre d'étranger, commerçant à Tamatave. Sa position à la capitale devenait difficile; il lui était nécessaire de la quitter au plus vite. Cependant la reine lui avait fait faire la proposition de le réintégrer dans son grade et ses honneurs : il refusa, en renouvelant la demande de partir pour Tamatave. Elle lui fut accordée, mais sans garanties. Comme il avait eu le bon esprit, pendant son pouvoir, de se concilier beaucoup de gens, il était tranquille. Une bonne escorte d'esclaves tout dévoués l'accompagna

8*

dans sa route; et il arriva à la hâte sur le littoral après être parti incognito.

La petite goëlette du port Sainte-Marie faisant toujours, mais avec plus de difficultés, le transport de bœufs de la Grande-Terre à Sainte-Marie, je profitai de ses voyages pour entretenir une correspondance avec l'ex-grand-maréchal. Il me fit connaître la source des délations qui avaient causé sa disgrâce; mais les envieux et intrigans qui avaient au prix de l'honneur servi si bien le parti anglais, ne recueillirent que mépris de leurs impostures. Le prince Corollaire, donné pour successeur à Robin dans le commandement de Tamatave, le faisait garder à vue. Ses démarches étaient toutes épiées, ses lettres même suspectées, au point qu'il me pria de ne lui écrire que par des voies particulières. Peiné de le savoir en si triste position, je le pressai de profiter d'un navire de commerce et de notre petit bateau pour se rendre à Sainte-Marie; le commandant se joignit à moi dans cette prière. Mais des intérêts tout puissans pour lui et pour la famille de sa femme, le retenaient à Madagascar : il resta donc au milieu de tant de dangers jusqu'au mois de juillet 1829.

Bientôt nous apprîmes la mort du général Rafarla; il périt comme il avait vécu, en brave. Le colonel Rakéli fut envoyé par la reine pour donner à Rafarla l'ordre de monter à Tananarive. Il vint à l'entrée de Foulepointe avec une escorte de six cents hommes. Rafarla, qui se doutait du sort qui l'attendait, fit dire à l'envoyé

que si la reine avait des ordres à lui donner pour laisser son commandement, il obéirait et la servirait avec fidélité, comme il avait servi le roi ; mais que, sans une lettre expresse d'elle, il n'abandonnerait pas son poste; qu'en outre il défendait à Rakéli de dépasser les limites du village, sous peine d'être fusillé. Celui-ci répondit « qu'il était porteur d'ordres de la reine pour prendre le commandement du poste qu'il occupait. »
— Pour que je te le cède, écrivit Rafarla, il faut que tu me les montres toi-même ces ordres, et lorsque je me serai assuré du fait, je saurai ce que j'aurai à faire. Le nouveau chef redoutant une entrevue avec cet homme intrépide, garda le silence et campa à quelque distance du village, en attendant qu'une circonstance favorable se présentât. A force de temps et de promesses, il parvint à gagner les aides-de-camp et quelques gens du général. A l'aide de l'obscurité, sa petite armée commença à entrer dans l'enceinte du fort, dont les portes lui avaient été ouvertes par les traîtres. Au bruit qu'il entendait, Rafarla s'élança armé de sa chambre, et chargea l'ennemi à la tête de ses troupes. Il cherchait ses aides-de-camp ; mais leur absence lui apprit tout. Furieux à l'excès, ses armes ne lui suffisaient pas. Sa colossale constitution lui donnait un tel avantage dans le combat, que d'un coup de poing il étendit mort un Hova qui le pressait de trop près. Cependant, le nombre l'emporte souvent sur le courage; ce qui eut lieu. Rafarla, percé de plusieurs lances, expira, et sa chute fut le signal de la défaite de ses

défenseurs. On lui coupa la tête pour la porter à la reine, comme un monument de sa victoire sur ses adversaires. Son corps fut enterré sous le pavillon de Flore où il allait dans des temps meilleurs, se reposer de ses travaux au milieu de ses femmes.

Voilà donc tout le littoral envahi, et le fameux Andimiase, créature d'un parti plus puissant que les naturels eux-mêmes, nommé premier ministre de la reine.

Ces révolutions amènent toujours de longs troubles, comme les éruptions des volcans sont suivies de secousses. Ainsi, cette année, le pays se trouva plongé dans un état d'insurrection complète. Les Saclaves secouèrent définitivement le joug des Hovas; les troupes de la reine suffisant à peine à la garde de l'est, n'étaient plus en état de maintenir sous la dépendance, l'intrépide peuplade du nord-ouest. On se contenta de renforcer les garnisons de la côte de l'Est, depuis le Fort-Dauphin jusqu'au-delà de la baie d'Antougil, à raison d'une loi nouvelle que refusaient d'admettre les Bétanimènes et les Saclaves. La reine avait ordonné en signe de deuil de raser la tête aux naturels, de faire retirer les canezous aux femmes, et de ne laisser porter que les seimbouts pendant six mois : les cheveux devaient être rasés de nouveau, dès qu'ils seraient assez longs pour être tressés ou noués. Les naturels, fort jaloux de cet ornement auquel ils apportent beaucoup de soin, refusèrent d'obtempérer à cet ordre ; et, pour éviter la peine de mort portée contre les rebelles, ils se réfugièrent en grand nombre chez les Saclaves ; Sainte-Marie reçut deux à trois mille fugitifs qui arrivaient avec leurs vivres, leurs bagages, leurs troupeaux, leurs esclaves. Nos ressources qui diminuaient par la difficulté des relations, devinrent plus étendues par l'activité que cette émigration imprima au commerce. Aussi accueillait-on tous ceux qui arrivaient. Les Hovas ne tardèrent pas à en être informés ; ils en conçurent de la jalousie et même de l'inquiétude. Souvent ils le témoignaient à ceux qui passaient de Sainte-Marie à la Grande-Terre pour des affaires de commerce ; notre commandant, qui entretenait des relations avec les différens chefs hovas du littoral de l'est, ne tarda pas à en avoir la preuve. Un jour, il envoya la goëlette demander des renseignemens sur la législation du pays, pour une affaire particulière assez importante. On s'adressa au grand-juge Henri Senec, dont j'ai déjà parlé plus haut. Celui-ci se retrancha derrière mille difficultés, et dit qu'il ne pouvait rien donner sans l'assentiment de son chef Rakéli.

Le capitaine se rendit alors chez le chef, et lui demanda l'autorisation d'avoir ces renseignemens par écrit. Sur son consentement, notre chargé d'affaires retourna chez le grand-juge, qui était absent : plus heureux une seconde fois, il le trouva. La pièce lui fut délivrée ; mais avec la recommandation de la faire signer du chef Rakéli. Quand cette pièce lui fut présentée, il dit que n'ayant rien de commun avec Sainte-Marie, il n'avait pas besoin de fournir des documens au commandant français. Ainsi, non content de refuser sa signature, il déchira le papier. Aux observations modérées du capitaine, il répondit qu'il était maître chez lui, et le ferait sentir à l'étranger, s'il allait plus loin.

La goëlette revint donc sans autres renseignemens que la plainte du capitaine sur la roideur et la fierté du chef de Foulepointe.

Le commandant écrivit plus sèchement et dans un sens qui signifiait que l'on pourrait bien punir un jour M. le colonel Rakéli du ton avec lequel il traitait les affaires sérieuses. Plusieurs lettres de ce genre, envoyées à Tamatave et à Foulepointe, n'obtinrent que des réponses insignifiantes du second chef et jésuitiques du premier.

M. Schœll, sentant la difficulté de sa position s'accroître, en instruisit le gouvernement de Bourbon, qui, du reste, devait s'en apercevoir par le ralentissement du commerce. Les guerres intestines avaient rompu sur différens points la communication avec Madagascar, et les plantations ayant été ravagées, les récoltes devenaient insuffisantes. Cet état de choses commençait, lorsque les corvettes de charge *la Meuse* et *la Bayonnaise* vinrent successivement en novembre et en décembre. On s'occupait alors de travaux importans, tels que constructions de casernes en pierre, magasins aux vivres et approvisionnemens, lits pour l'hôpital et les casernes ; jamais on n'avait vu tant d'activité régner à Sainte-Marie.

Le commandant avait songé à deux choses importantes, la construction d'un quai de carénage et le sauvetage de la corvette de charge *la Normande*, que l'insouciance ou l'incapacité avaient jusqu'à ce jour laissé pourrir au milieu de la baie de Sainte-Marie. Le premier travail exigeant d'abord un homme entendu pour sa direction (ce qui n'existait pas dans la colonie), puis des dépenses considérables, M. Schœll y renonça. Quant au second projet, il s'efforça de le mettre à exécution. Le seul marin qu'il eût pour le seconder dans cette opération n'étant qu'un misérable patron de bateau incapable de dresser un appareil, il fut encore obligé de pourvoir à tout. Aidé des noirs du gouvernement, il fit monter la pompe royale de ce navire, s'ingénia à trouver le moyen d'obtenir une prompte évacuation de l'eau, et fit frapper à terre des palans destinés à porter le navire sur les rescifs. Malgré les nombreuses voies d'eau il parvint à son but, et, après l'avoir allégé de plus de douze pieds, il en fit retirer une grande quantité de gueuses (pièces en fer pour le lest). Reconnaissant l'impossibilité absolue de la réparation de ce navire, il ordonna l'extraction du fer, du cuivre, du plomb, et de tout le bois propre à un service quelconque. Il fit ouvrir un registre de recettes pour tout ce qu'on avait tiré du vaisseau; un magasin de marine fut pour la première fois établi avec ordre; chacun ne vint plus, comme autrefois, y puiser pour son propre compte. Il faut, en vérité, attribuer à l'esprit de dilapidation des employés la plupart des pertes faites à Sainte-Marie. Sans ordre, sans une sage économie, les meilleurs établissemens succomberont toujours.

M. Schœll était appelé à changer cet état déplorable où la colonie s'était enfoncée de plus en plus : sa courte administration fut plus féconde en bien que toutes les précédentes. L'agriculture était pour lui un sujet de sollicitude particulière. Désireux de bien connaître l'étendue et les propriétés de son territoire, il fit à plusieurs reprises le tour de l'île. Le capitaine d'artillerie Bellet et moi l'accompagnâmes dans une de ces excursions, nous communiquant nos pensées sur les points qui fixaient le plus notre attention. Il fit soigner un établissement qui portait le nom d'habitation royale : c'était à peine un triste jardin potager qui fournissait quelques légumes au chef de la colonie : une portion de ce terrain fut par lui consacrée à la culture de quelques plantes utiles au service médical ; les végétaux prescrits la veille étaient apportés le matin à l'hôpital : des visites fréquentes chez les cultivateurs n'avaient pour but que d'exciter leur émulation et de les engager à se créer des ressources par de nouveaux procédés. Enfin, le rapport exact des services qu'il a rendus à ce misérable point m'entraînerait dans de trop longs détails, quoiqu'on les dût à cet homme qui n'agit jamais que dans l'intérêt de tous.

Ainsi, l'état de la colonie ne cessait de s'améliorer ; le commerce central prenait assez d'importance, et le climat lui-même semblait concourir à cet heureux état de choses; car, dans l'hivernage de cette année, nous ne perdîmes à l'hôpital que trois hommes et deux à l'extérieur, sur un personnel de cent Européens.

Des relations plus suivies ou probablement plus impérieusement demandées au gouvernement de Bourbon, nous procurèrent l'avantage de voir au plus tard, tous les deux mois, une goëlette de l'état; ce qui, les années précédentes, n'avait pas eu lieu. Les deux navires destinés à ce service, pour éviter l'influence du climat de Madagascar, allant hiverner à Maurice, aux Seychèles, ou même dans l'Inde, on restait quatre à cinq mois sans nouvelles, sans vivres, sans médicamens..... Je reviendrai là-dessus chaque fois que l'occasion s'en présentera, parce que cet acte d'inhumanité est trop violent et se répéta trop de fois pour être omis ou bien oublié.

Aux utiles améliorations introduites par M. Schœll il faut ajouter une école d'enseignement mutuel où plus de quarante jeunes Malgaches vinrent apprendre à lire et à écrire. Le soin en fut confié à un sergent d'artillerie de terre, qui avait sous ses ordres quelques caporaux africains élevés ainsi au Sénégal. Cette première année d'un nouvel ordre de choses devait nous faire espérer une réussite complète, surtout quand nous vîmes arriver sur la rade de Sainte-Marie, le 19 juillet 1829, la frégate de soixante-quatre canons *la Terpsichore*, la corvette *l'Infatigable* de seize canons, le transport *le Madagascar* de six canons et la goëlette-aviso *le Colibri*. La frégate avait à son bord des troupes d'infanterie. Le second de ces navires avait emmené de France M. Jourdain, capitaine de frégate, qui devait prendre le commandement du comptoir de Mahé dans l'Inde, et qui, se trouvant retardé, vint tout droit à Madagascar.

CHAPITRE VIII.

Expédition appuyée de forces navales. Députation nommée pour aller traiter avec la reine des Hovas. Prise de possession de Tintingue. Un fort y est improvisé. Les naturels de l'Est viennent s'y mettre sous notre protection. Protestation de Ranavalo contre notre présence en armes sur la côte.

PENDANT le séjour en rade de cette petite division, on prit toutes les dispositions pour se rendre sur les différens points de la côte. On voulait enfin entrer en arrangement, et l'occasion était favorable. Du reste, tous les préparatifs de guerre furent faits dans l'établissement. Afin d'augmenter le personnel combattant, on enleva à chaque employé le noir du gouvernement donné comme domestique.

L'équipage de la frégate ne tarda pas à se ressentir de la fâcheuse influence du climat : l'hôpital de Sainte-Marie reçut un grand nombre de ses malades ; quelques-uns y moururent bientôt. Le 24, *le Madagascar*, envoyé à Foulepointe acheter des bœufs, en rapporta quatre-vingts.

Sur ces entrefaites arrivèrent, le 2 août, la corvette de charge *la Nièvre* de vingt-six canons, et la petite corvette *la Chevrette* de seize canons ; elles avaient à bord des troupes d'infanterie et d'artillerie.

La députation chargée de discuter nos intérêts, composée de MM. Jourdain, Schœll, Jailler, sergent d'artillerie à pied, secrétaire, et Voltarafe, femme malgache, ménagère du capitaine Schœll, s'embarqua le 6 au soir, et, le 7, les six navires mirent sous voile. Des vents contraires assez forts causèrent du retard dans l'arrivée ; joignez à cela la lenteur de certains vaisseaux ; en sorte que, pour maintenir l'ordre, les meilleurs marcheurs furent obligés d'attendre les autres. Ce fut le 10 seulement qu'on arriva sur la rade de Tamatave.

Avant de rapporter ce qui se passa en cette grave circonstance, examinons la formation de cette commission diplomatique. Conçoit-on l'imprudente témérité de M. Schœll qui se chargeait lui-même d'une lointaine et périlleuse mission, abandonnant ainsi son gouvernement? Une ambition démesurée le portait à vouloir marcher de pair avec l'officier supérieur, son collègue dans l'entreprise. Ne méconnaissons pas toutefois ses bonnes intentions. Il eût tout sacrifié pour nous faire réussir ; mais son aveuglement l'a emporté trop loin.

Il eut grand tort de prendre pour interprète cette Voltarafe, parce qu'elle parlait le français. Voulut-il par là reconnaître des services rendus? Entre des intérêts particuliers, et l'intérêt général qu'on s'efforce de faire marcher ensemble, il y a toujours froissement. Ce choix en effet excita des mécontentemens. Les jeunes princes Mandi-Tsara et Berora, qui avaient été élevés à Paris, eussent mieux rempli ces fonctions, surtout des honneurs particuliers y étant attribués. Un motif plus important que les autres, défendait encore d'emmener cette femme. On sait l'obstination que déployent les naturels dans leurs procès, de telle sorte qu'ils les éternisent. Or, la famille de Voltarafe était bannie en partie de la Grande-Terre ; sa sœur Volatsara avait été condamnée à mort par Radama, pour crime de trahison. La présence de cette femme devenait une pomme de discorde, et pouvait changer les dispositions les plus bienveillantes. En effet, après cinq jours d'entrevue avec le prince Corollaire, commandant la province des Bétanimènes, et son grand-juge Philibert, on ne put rien arrêter pour le voyage de l'ambassade. Aucun moyen n'avait été proposé ni même accordé par ce chef ; et le 16, une opposition formelle fut mise au départ pour la capitale. Cependant, des présens avaient été offerts ; toutes nos démarches étaient pacifiques et bienveillantes ; on ne put donc connaître le motif d'un pareil obstacle. On prit alors le parti de remettre au prince Corollaire, une lettre pour la reine. On lui faisait connaître le motif de la présence de la division française sur les côtes de Madagascar ; les dispositions amicales de notre gouvernement qu'elle pourrait entretenir par un traité de commerce convenable, et la restitution de nos points du littoral, points concédés par les naturels, et qu'on nous avait enlevés de vive force ou pendant notre absence.

Le Colibri fut en même temps envoyé à Bourbon, pour donner connaissance au gouverneur de ce qui se passait.

Le séjour de la division devenant inutile sur ce point, le commandant donna des ordres le 20, pour l'appareillage qui eut lieu le lendemain 21 à six heures du matin. Le vent du sud poussa promptement la division vers la rade de Foulepointe où elle jeta un pied d'ancre. Le capitaine de *la Nièvre* alla faire visite au colonel Rakéli, avec un corps d'officiers. On en fut bien reçu, et il donna toutes les provisions qu'on désirait. Le 23, on leva l'ancre à cinq heures du matin, et on fit route vers Sainte-Marie, où l'on mouilla à cinq heures du soir. On ne voulait qu'y prendre des dispositions pour l'établissement de Tintingue. On remplaça les malades. Des ouvriers de diverses professions, des manœuvres furent convoqués pour la confection de fortes chaloupes et autres travaux. On partit enfin le 28 de Sainte-Marie, et le même jour on était au mouillage. M. le capitaine de *la Chevrette* fut chargé de sonder les passes; et une commission composée de MM. Jourdain, Letourneur, capitaine de frégate commandant *la Nièvre*, Gally, capitaine commandant d'artillerie à pied, Schœll, Depanis, lieutenant de vaisseau commandant la petite corvette *la Chevrette*, Finix et Despagne, capitaines au 16° léger, et Busseuil, chirurgien-major de la frégate, furent chargés de faire un rapport sur la manière de fortifier Tintingue. Le 29, l'exploration des passes eut lieu, ainsi que l'exâmen et le rapport de la commission; et les trois navires entrèrent dans le port situé au fond de la baie.

Le 30, trois cents hommes de troupes et cent marins commencèrent les travaux de défrichement sur la presqu'île. On coupa une quantité prodigieuse de bois dans une immense étendue. Dans cet espace, on traça l'enceinte du fort. On creusa des fossés, on planta des palissades d'une grosseur énorme et de plus de dix pieds de long; on fit prévenir les naturels de Sainte-Marie et de l'intérieur que des marchés seraient passés pour la fourniture de ces pièces de bois. Ils s'empressèrent d'aller en couper ; et, moyennant la modique somme de 50 centimes par pièce, ils partagèrent nos travaux, s'imposant la tâche la plus pénible, celle d'abattre, de dégarnir et de transporter ces bois. Le nombre des naturels devint si grand en peu de temps, que chaque jour on recevait près de cent pièces. Il ne restait plus à nos militaires, aux marins et aux compagnies africaines, qu'à transporter le sable et à le maintenir, de manière à former des murs larges et élevés. Pour cela, on plaça en arrière de ces palissades un clayonnage en branches d'arbres, gazons, etc. Bientôt des bastions se formèrent au nombre de cinq, portant différens noms. Des fossés entourèrent les remparts; un pont levis fut construit du côté de la terre; des chevaux de frise, très-forts et très-acérés, défendaient l'approche des murs.

Aussitôt que l'intérieur de cette enceinte fut déblayé, l'on construisit des cases. Les unes formées de pièces de bois couchées sans être équarries; les autres, construites en branches d'arbres, en feuilles de vacoua, et autres substances végétales, laissant pénétrer l'air et la pluie, devaient à peine garantir notre garnison des injures du temps. Cependant on fit descendre nos troupes lorsque les logemens furent à peu près terminés.

Pendant qu'on travaillait ainsi à terre, on s'occupait en même temps du relèvement de divers points de la côte. Quelques-uns furent baptisés des noms de personnages marquans. Ainsi, l'on avait pour point de reconnaissance le mont Chabrol. La grande rade prit le nom du bienveillant ministre de la marine de cette époque, Hyde-de-Neuville. On conserva aussi, en les francisant, quelques-unes des dénominations données par les naturels. On plaça sur l'île *aux Sorciers* une large cloison en planches peintes en blanc, pour servir de guide aux navires qui entraient. *La Chevrette* imposa son nom à l'une des trois passes formées par des rescifs à l'entrée de la rade de Neuville. On doit à M. Lafosse, lieutenant de corvette, un plan très-exact de la baie de Tintingue. Tous les dangers marqués avec la plus grande exactitude permettent d'entrer dans cette rade avec sécurité. On plaça des balises et des flotteurs à l'extrémité des rescifs, indiquant les trois passes aux marins munis de l'instruction donnée pour le pilotage.

L'ardeur que chacun mit dans la fondation de cet établissement, lui fit prendre vite un aspect imposant. Le 19 août, l'aviso *le Colibri* revint de Bourbon avec des dépêches pour le commandant de l'expédition, qui l'envoya le lendemain prendre, à Tamatave, la réponse de la reine.

Il revint le 23 avec une lettre, qui permettait à l'ambassade de monter, mais par laquelle Ranavalo protestait contre notre séjour sur le littoral, surtout avec des forces militaires.

Robin, dont l'existence avait été compromise jusqu'à ce jour, vint sur le navire; le reste de la flottille se chargea d'une partie de son mobilier et du personnel de sa maison.

Le 29, le fort de Tintingue pouvant déjà supporter une attaque, et plusieurs de ses bastions étant armés, on jugea qu'un certain nombre de cases construites à la hâte contiendrait assez d'hommes, et l'on en donna le commandement à M. le capitaine d'artillerie Gailly.

Le même jour, la corvette *la Zélée*, sous les ordres du lieutenant de vaisseau Pontier, arrive à Sainte-Marie et part pour Tintingue, ayant à y remettre des paquets du gouvernement de Bourbon. Malgré la longue campagne qu'avait faite ce navire, il est retenu pour renforcer la division. Huit jours après, une mission lui est donnée, ainsi qu'à l'aviso *le Colibri*. Robin reçoit l'ordre de s'embarquer sur ce dernier pour une mission particulière. Sa présence et le rôle qu'il avait joué à Madagascar le mettaient dans une position difficile : objet de jalousie, et pouvant rendre de grands services, il voyait contre lui les employés de tous les corps. Les militaires lui contestaient, malgré son titre de grand-maréchal, celui de simple officier, rappelant qu'il n'était qu'un sergent déserteur du régiment d'Angoulême, et que, malgré sa rentrée en grâce, il n'avait aucun droit aux grades et emplois. Les parties civiles et administratives le rejetaient aussi. De tous les côtés, jalousie haineuse et ingratitude, tant il est vrai que l'on oublie vite les bienfaits de l'homme tombé. Et cependant, qui méritait plus d'égards et de reconnaissance que l'excellent Robin, lui qui avait sauvé les Français de la disette et peut-être de leur ruine?

M. le commandant en chef qui s'était entouré d'ambitieux et d'adulateurs, cour dont il ne dédaignait pas les flatteries, se laissa aller aussi au sentiment général d'envie contre Robin. Cet homme, franc, ouvert, généreux, ne se doutait pas du jésuitisme ; s'il en eût employé un peu, il eût confondu ses ennemis. Cependant, M. Schœll en avait fait son confident depuis son arrivée, lui avait demandé ses avis sur les projets d'attaque, si la reine ne consentait pas à la restitution du littoral, et laissé entrevoir que personne ne pouvait lui être plus utile par sa connaissance du pays. Robin, rempli de confiance, lui traça la conduite qu'il devrait suivre, et offrit ses services pour le guider en tous lieux ; dans toutes les circonstances. Il lui recommanda de se tenir en garde contre les Hovas, qui, à défaut de bonne tactique militaire, avaient pour eux un courage à toute épreuve, et employaient souvent des ruses dangereuses. Ses idées, ses instructions, furent transmises à son insu au conciliabule, qui, prévoyant l'influence future de Robin dans ces affaires, et la grande part qu'il y prendrait, ne songea qu'à l'éloigner. On fit naître au commandant l'idée de l'envoyer dans le nord-ouest de l'île pour soulever les Saclaves. M. Schœll s'étendit au long sur l'importance d'une telle mission, et d'ailleurs promit de lui fournir tous les moyens nécessaires. Quand il fallut tenir cette promesse, il reçut des lettres où on encourageait Ramenetac à se soulever, puis on lui remit soixante fusils et vingt barils de poudre pour quelques milliers d'hommes! Robin, on doit le croire sans peine, prit tout cela pour de la dérision. Il alla aussitôt s'en expliquer avec le commandant, auquel il annonça que, faute de plus amples munitions, ses démarches resteraient infructueuses, et qu'il vaudrait mieux ne rien entreprendre avec la certitude de ne pas réussir. De nouveaux sacrifices lui furent refusés, et il se vit dans la dure nécessité de partir avec la triste conviction qu'il ferait un voyage inutile.

Le 7 septembre les deux navires mirent à la voile.

Le 16 du même mois, une commission fut nommée pour déterminer le personnel nécessaire à la défense de Tintingue. Cent quatre-vingts hommes d'infanterie et d'artillerie, et cent vingt soldats noirs furent désignés. Déjà les canons garnissaient les bastions et les remparts. Une poudrière et des magasins d'armes mettaient les munitions de guerre à l'abri ; enfin, l'établissement commençait à prendre une certaine consistance. On manquait cependant d'objets de couchage ; dans les premiers temps, les soldats furent réduits à leur sac de campement, qui était fort peu de chose pour les garantir de l'influence délétère d'un terrain récemment découvert et très-voisin de l'eau. Pour obvier à cet inconvénient, ils remplirent leurs sacs de feuilles sèches, et à l'aide d'un clayonnage supporté par quatre montans ils firent autant d'espèces de lits.

Le lendemain 18, le pavillon fut arboré avec pompe, après la lecture d'un ordre du jour du commandant de la division. Cette proclamation que je ne pourrais citer textuellement était conçue à peu près en ces termes : « Soldats, ouvriers et marins, le roi nous a chargés de fonder un établissement à Tintingue, et de reconquérir nos droits sur la côte de Madagascar. Nous avons rempli une partie de ses vues. Un fort vient d'être construit avec une vitesse étonnante ; le pavillon français y flotte. L'avoir établi ne serait rien : il faut l'y maintenir et le défendre jusqu'à la dernière extrémité. Vous pouvez compter sur moi, comme je compte sur votre bravoure ; je m'empresserai de faire connaître à sa majesté avec quel zèle et quel dévouement chacun de vous a rempli sa tâche dans cette circonstance : j'attirerai sa bienveillance sur ceux qui se seront plus particulièrement distingués.

« Nous avons aussi à protéger ceux des naturels qui se sont réfugiés près de nous. Nous leur devons secours et assistance, et les leur promettons. »

Ce jour-là, les travaux furent suspendus comme dans une fête. Tout commençait à prendre un aspect de stabilité ; déjà près de trois mille Malgaches habitaient autour de la baie de Tintingue : il y en avait jusqu'en dedans du poste avancé.

Comme je n'en ai point fait mention en traitant des fortifications de Tintingue, je dirai que ce poste situé à demi-portée de canon du fort, était composé d'une double rangée de palissades extrêmement forte, qui coupait transversalement la presqu'île et qui s'avançait même assez dans la baie d'un côté et dans la mer de l'autre. Ces palissades étaient réunies par deux fortes traverses enclavées et clouées ; au centre, une large porte qui s'ouvrait par une bascule et se fermait de chute ; des verroux très-forts la maintenaient fermée en dedans.

Près de cette porte, sur la gauche en entrant, était un petit retranchement en forme de demi-lune, garni aussi de palissades et entouré de fossés. Entre les meurtrières que formaient ces palissades par leur écartement naturel, il existait deux embrasures par lesquelles passaient deux pierriers ; et en arrière était un corps de garde contenant vingt-cinq hommes et un officier, pour le service de ces deux pièces et la défense de ce point.

Cependant, cette fortification n'ayant point été faite pour résister long-temps au feu de l'ennemi, mais bien pour éviter une surprise, on retira plus tard les deux petites pièces de canon ; et le poste, réduit à quinze hommes, ne fut plus commandé que par un sergent. On avait coupé le bois de la moitié seulement de l'espace compris entre le fort et l'avancée. Faute de temps et de bras, sans doute, on laissa subsister de droite et de gauche de la route, des bois encore assez épais pour cacher un grand nombre d'hommes. Mais revenons à nos naturels.

Quelques-uns avaient construit des cases dans ces petits bois; d'autres étaient venus s'installer sur la partie défrichée, en sorte que bientôt deux villages se formèrent. D'autres garnissaient le littoral de la haie : mais le plus important fut l'établissement du Mahompas, dont le personnel s'élevait à deux mille âmes environ. Les craintes qu'avaient ces malheureux d'être surpris par les Hovas, leur firent suivre notre exemple. Ils travaillèrent à planter des palissades, et, aidés de nos conseils, se fortifièrent très-bien.

De toutes parts on voyait arriver des familles entières d'émigrans, abandonnant les Hovas pour embrasser notre cause. Pendant tout ce temps rien ne manquait, le poisson, le riz, la volaille, et tout était à bon marché.

Le transport de Madagascar qui avait été envoyé à Bourbon, revint avec des dépêches du gouverneur de cette île au mouillage de Tintingue, le 22 septembre.

Quelques naturels ayant annoncé que les Hovas occupaient les environs de la Pointe-Larrée, M. Lagier, sous-lieutenant d'artillerie de marine, commandant la compagnie africaine, fut envoyé avec une partie de ses soldats en reconnaissance. Cette excursion devant être d'une journée au plus, il ne délivra que très-peu de vivres. Mais par suite de l'inexactitude des renseignemens ou d'un changement de position des Hovas, ce ne fut qu'après deux jours de marche que nos troupes les rencontrèrent. Déjà la fatigue et la faim se faisaient sentir d'une manière impérieuse ; mais nos noirs oubliaient tout dans l'espoir de se battre, seule idée susceptible de soutenir leur moral africain. M. Lagier, arrivé sur le bord d'une rivière qui séparait les deux petites armées, se fit annoncer par son interprète comme parlementaire, en demandant les moyens de passer sur l'autre rive. A l'aide d'une pirogue on le transporta avec quelques soldats ; les autres étaient rangés en bataille, pendant l'entrevue qui fut toute pacifique. Malgré la répugnance qu'éprouvait M. Lagier à faire connaître aux ennemis notre fâcheux manque de vivres, il sacrifia son amour-propre à l'intérêt des soldats, et fit part au chef hova de nos pressans besoins. Du riz et tout ce que possédait ce chef fut aussitôt mis à la disposition des troupes blanches.

Ce ne fut que dans la journée du 29 que le petit corps rentra au poste de Tintingue, avec la nouvelle que les Hovas étaient établis en camp volant entre Simiang et Mareimbout ; qu'ils étaient assez nombreux, mais ne faisaient aucune démonstration hostile.

Trois jours après, arriva une députation de la reine qui apporta à bord de *la Terpsichore* une lettre, dont le commandant seul de la division connaissait le contenu. C'était une protestation de Ranavalo contre notre séjour sur la côte de Madagascar. Les troupes formant l'escorte de cette ambassade avaient campé sur la rive droite de Fandarase, dans l'emplacement de l'ancien village situé à l'embouchure de cette belle rivière.

Le lendemain, un détachement d'infanterie commandé par un capitaine, fut à Fandarase porter aux Hovas la réponse à la lettre de la reine. On la sommait de restituer nos propriétés, en lui signifiant qu'on était déterminé à les reprendre de force en cas de refus. Mais, disons-le en passant, était-il prudent de demander plus qu'on ne saurait conserver ? Nos forces ne pouvaient suffire à la garde d'une étendue de cent cinquante lieues, comprise entre le Fort-Dauphin et le poste de Manahar, qui se trouve situé au fond de la baie d'Antougil. En outre, il fallait avoir égard au grand nombre de troupes qu'exigeait la quantité des postes, tels que le Fort-Dauphin, Tamatave, Foulepointe, Fénérif, Tintingue, Manahar, sans compter Sainte-Marie. Une telle prétention était sinon indiscrète en raison de nos droits, du moins inconsidérée en raison de nos ressources, et peut-être a-t-elle été cause d'un nouveau refus formel. La guerre par cela même étant à peu près déclarée, il ne manquait plus qu'une occasion ; elle se présenta bientôt.

CHAPITRE IX.

Le 18 *octobre* 1829, *commencement des hostilités. Expédition* d'Ambatou-Malouine. *Son plein succès. Attaque de Foulepointe mal combinée, mal commandée. M. Schœll y périt. Belle conduite de notre avant-garde. Nouvelle expédition pour l'attaque du fort de la Pointe-Larrée. Elle a lieu le* 4 *novembre. Résistance admirable de l'ennemi. Triomphe de nos armes.*

Le 4 octobre, les frégates *la Terpsichore, la Nièvre, la Chevrette* et *le Madagascar*, appareillèrent de Tintingue pour se rendre à Sainte-Marie, où tous ces navires mouillèrent le même jour. *L'Infatigable* seul resta en station. On mit à terre les malades, et on se disposa à une attaque prochaine. Les préparatifs terminés, on fit voile vers Tamatave, où l'on arriva dans la journée du 17. Aussitôt l'ancre au fond, on embossa les navires dirigeant leurs batteries sur le fort Hova ; *le Madagascar* seul ne fit pas cette manœuvre. Lorsqu'on fut prêt au combat, le 18 on expédia une embarcation portant un élève de la marine chargé de remettre une lettre du commandant au prince Corollaire, avec ordre de rapporter immédiatement une réponse. *Le Madagascar* partit aussitôt pour Bourbon ; et peu de temps après la canonnade commença. Pour éviter des détails qui seraient peut-être inexacts, je me tairai sur les relations entre notre chef et le prince Corollaire. Un fait certain, que m'ont affirmé ceux qui depuis ont vu des officiers hovas, c'est qu'au moment de l'attaque, ils ne s'y attendaient pas; qu'ils n'avaient pris aucune disposition offensive ni même défensive, et qu'ils se préparaient à prendre leur premier repas quand le feu commença. Par une espèce de miracle, il y avait à peine quelques décharges de faites, lorsqu'un boulet traversant un grand foyer qui se trouvait dans l'enceinte du fort pour la cuisine des soldats, chassa devant lui un fragment de tison embrasé, qui mit le feu à la poudrière. L'explosion incendia et détruisit une partie du fort, tua beaucoup de monde, et mit la consternation parmi ceux qui échappèrent à ce terrible accident. L'ennemi évacuant aussitôt le fort, essaya de se ranger en bataille dans les rues; le poste de la douane, placé près du rivage dans le fond de la baie, se retrancha derrière une chaloupe qui était en réparation sur la plage. Mais un officier de marine, qui commandait une chaloupe de la frégate armée d'une caronnade, s'étant aperçu de cette manœuvre, tira à mitraille sur cette planche d'embuscade, qui fut promptement détruite, et couvrit de ses débris les corps et les membres épars des malheureux Hovas. Tout ce qui se trouvait là, femmes, vieillards et enfans, fut mitraillé. Pendant ce temps le débarquement s'opérait. Deux cents hommes débarqués sur la plage marchèrent au pas de charge contre le village. On fusilla sans pitié ceux qui en fuyant essayaient encore de se servir de leurs armes, et se retournaient pour tirer un coup de fusil ou lancer une sagaie. Mais chaque halte étant un arrêt de mort, ils se résignèrent à fuir en toute hâte. En moins de deux heures le champ de bataille resta à nos troupes qui occupèrent le village, où on trouva des vivres en quantité, des munitions de guerre en tous genres, sortant des manufactures anglaises. On respecta les propriétés particulières, à l'exception de trois chevaux assez beaux, dont deux du Cap et un de Batavia. On en trouva d'autres rôtis dans le fort, ainsi que quelques malheureux qu'on n'avait pas eu le temps de déferrer, et qui périrent de la manière la plus horrible étant dévorés par les flammes et n'ayant pu se délivrer de leurs liens. Les chefs donnèrent les premiers l'exemple de l'abandon du poste ; on m'a dit avoir vu dans ce désordre affreux le prince Corollaire et le grand-juge Philibert fuir, l'un avec la barbe à moitié faite, l'autre à demi habillé, tant était grande leur frayeur.

Il y avait à peine trois jours que nous occupions le village, lorsqu'on apprit que les Hovas étaient retranchés, à sept lieues de là, sur un point nommé *Ambatou-Malouine* : on voulut encore les y attaquer, mais on ne connaissait pas le chemin. Deux traitans s'offrirent pour nous guider, MM. Dayot et Blancard. Le premier, dont j'ai déjà parlé, était venu à bord de la frégate soi-disant en médiateur entre le commandant et le prince Corollaire ; mais il arriva trop tard ; et d'ailleurs sa démarche n'offrant aucune garantie, on le garda pendant la canonnade et on le relâcha après : l'autre était un agent de quelques maisons de commerce de Maurice, qui, autrefois, moyennant redevance, avait demandé à Radama le monopole des droits de la côte; Robin avait empêché cette concession fatale pour nous.

On accepta l'offre de ces deux messieurs, et cent quarante hommes désignés pour cette expédition et commandés par M. Schœll, partirent malgré la pluie. On n'avait pas songé aux moyens de traverser la belle rivière d'Ivandro : ce ne fut qu'arrivés sur ses bords qu'on sentit la nécessité d'avoir des pirogues. Quelques noirs africains furent alors détachés pour en chercher quelques-unes : ils en trouvèrent, et en chargèrent leurs épaules jusqu'au lieu désigné, tant ils brûlaient de se battre. Cette difficulté levée, on passa la nuit sur les bords de la rivière ; le lendemain matin 22, cent hommes passèrent ; les quarante autres restèrent sur la rive en corps de réserve et pour la garde des bateaux en cas de retraite. On se dirigea rapidement vers Ambatou-Malouine, qui n'était pas à plus d'une lieue de là ; mais, lorsqu'on fut en vue du retranchement hova, on trouva un marais à traverser. Ainsi nos troupes, déjà mouillées par la pluie, allaient encore l'être davantage par une eau malsaine qui laissait après elle un dépôt limoneux d'une odeur toujours méphytique. Nécessité fait loi : cependant, pour éviter une trop grande immersion, on coucha des perches les unes sur les autres, et on s'en servit ainsi comme de pont. A peine fut-on du côté opposé, que l'ennemi se montra derrière un petit épaulement ; il accueillit nos troupes par quelques décharges de mousqueterie qui n'ayant pas produit d'effet fâcheux, ne les empêchèrent pas de marcher l'arme au bras jusqu'à portée de fusil : là, on riposta par un feu de file suivi de l'assaut. Un des principaux chefs était monté sur le toit d'une cabane, afin de mieux examiner ce qui se passait. Pour animer ses soldats, il brandissait son sabre, quand une balle l'atteignit. Sa mort fut le signal d'une déroute générale dans laquelle on fit encore un massacre affreux ; tout prit la fuite sans chercher à se défendre. Nos troupes, fières de cette nouvelle victoire remportée presque sans perte, rentrèrent à Tamatave avec les armes et le faible butin laissé par les Hovas. Un tel succès devait nous être d'un heureux augure pour les suites ; mais on compta trop sur le désordre des ennemis et la crainte de nos armes. L'expérience prouva qu'on pouvait nous résister : nous n'allons que trop tôt le voir.

Lorsqu'on eut embarqué les armes, les munitions de guerre, les vivres, les bagages des traitans, les trois chevaux et une malheureuse jeune fille hova qui avait été amputée, ayant eu un genou emporté par un biscayen de la chaloupe ; lorsque, dis-je, tout fut embarqué, on se dirigea vers Sainte-Marie, où l'on déposa tout ce qui encombrait les navires. Trois jours se passèrent en installation des émigrés et en nouveaux préparatifs de guerre. Ici, un différend s'éleva : le commandement avait été donné à M. Schœll par le chef de l'expédition navale : il ne pouvait, en satisfaisant l'ambition de ce jeune officier, manquer d'exciter des mécontentemens. Or, il n'était que très-jeune capitaine en second d'artillerie ; il y avait d'autres officiers du même grade beaucoup plus anciens qui ne pouvaient par conséquent marcher sous ses ordres, soit question d'amour-propre, soit crainte d'être taxés d'incapacité. On réclama, et le commandement supérieur du débarquement fut donné au capitaine Fénix, sous les ordres duquel M. Schœll marchait immédiatement. On mit sous voiles dans la soirée du 26, et on arriva le 27 à Foulepointe.

Ici, comme à Tamatave, on se posta le plus avantageusement possible pour canonner le fort et débarquer ensuite ; mais il n'y avait pas de plan arrêté. Avait-on prévu un cas de revers ? Nullement. Cependant les rapports de deux officiers d'artillerie de terre, MM. Bodson et Lerat, devaient avoir aplani bien des difficultés, empêché bien des erreurs. Le dernier surtout, qui était passager à bord de *la Seine* quinze mois auparavant, avait examiné le fort et ses environs de la manière la plus minutieuse. Éblouis par les succès des deux premières attaques, les Français crurent n'avoir qu'à se présenter. N'avons-nous pas entendu de jeunes étourdis et des gens qui n'avaient pas brûlé une amorce depuis qu'ils étaient au service, dire hautement que notre aspect seul mettrait en fuite les sauvages, qu'avec un détachement de vingt-cinq hommes on ferait le tour de l'île, etc. ? Voilà les conseillers dont s'était entouré M. le capitaine de vaisseau Gourbeyre. Qu'en résulta-t-il? Qu'après une longue canonnade vers neuf heures du matin, le 28 octobre, deux cents hommes descendirent sur la plage de Foulepointe, et que, ne sachant à qui ils avaient à faire et de quel côté ils devaient de préférence attaquer l'ennemi, ils se rangèrent en bataille et marchèrent en aveugles sur le fort, point principal.

Un sous-lieutenant s'avança le premier avec une trentaine d'hommes. A peine sorti de la ligne, il fut accueilli par deux coups de canon à mitraille qui blessèrent quelques soldats; ce qui ne l'empêcha pas de charger à la tête de sa troupe; mais il vit, à son grand regret, qu'il ne marchait que contre des palissades. Ne trouvant pas d'issue pour pénétrer dans le le fort, il passa avec ses hommes par l'embrasure d'une pièce de canon, et devint aussitôt maître de la place évacuée par l'ennemi. Pendant ce temps M. Schœll, tourmenté de l'indécision que mettait M. Fénix dans ses manœuvres, et s'apercevant que le moral des troupes commençait à s'affecter du faible échec reçu en arrivant, n'attendit plus, pour marcher, les ordres de son chef. A ce signal de bravoure, quarante-cinq hommes se joignirent à lui et chargèrent l'ennemi qu'on voyait dans un retranchement placé à quelque distance derrière le fort, au milieu d'une immense plaine nommée *Champ-de-Mars*. Le colonel Rakéli, qui commandait les quatre cents Hovas renfermés dans cette enceinte, sachant le tort considérable qu'avait causé notre artillerie à Tamatave, et bien instruit de la trop grande infériorité des armes, fit évacuer le fort dès que la canonnade commença ; il y laissa cependant quelques hommes pour servir le peu de pièces qu'il y avait et annoncer l'arrivée à terre des troupes françaises. Pendant ce temps il se retrancha avec ses soldats dans cette petite redoute qu'il avait fait faire en empilant, les uns sur les autres, des sacs à riz remplis de sable et servant de support au terrain qu'il avait amoncelé en forme de rempart. Cet abri était assez élevé, assez épais pour garantir de l'atteinte des balles. Rakéli était donc en parfaite sécurité et pouvait nous attendre de pied ferme ; mais son génie militaire lui révéla la fausseté de nos manœuvres. « Mourir plutôt que de fuir, » avait-il dit à ses soldats ; et tous avaient partagé son enthousiasme. Par son ordre, une centaine d'entre eux sortant à l'improviste, vint fondre sur notre avant-garde. Déjà quelques décharges de mousqueterie avaient été faites de part et d'autre ; déjà plusieurs assaillans avaient été blessés : cette sortie rendit l'engagement tout-à-fait sérieux. Notre avant-garde qui opposait au nombre un feu bien nourri, n'attendait que l'arrivée du principal corps pour charger à son tour et commencer l'assaut. Vaine espérance, bien légitime pourtant ! l'officier commandant avait perdu la tête ; ses subordonnés ne se sentaient pas assez de force pour relever le moral abattu des troupes. On ne battit pas en retraite, on prit la fuite dans le plus grand désordre, laissant les braves qui composaient l'avant-garde et le détachement qui était allé s'emparer du fort. Ces infortunés, se voyant livrés à une mort certaine, continuèrent à se battre, mais avec rage, se soutinrent jusqu'au dernier moment et se replièrent toujours sur le littoral. Lorsque le sous-lieutenant Larevauchère s'aperçut de cette fâcheuse situation, après avoir soutenu ses compagnons d'infortune en attaquant l'ennemi à travers ses palissades, il fit sortir ses blessés et ses hommes par l'étroite ouverture qui lui avait servi d'entrée, descendit le dernier et se replia, cherchant à seconder l'effort de notre avant-garde déjà bien endommagée. Ce ne fut qu'après avoir passé le fort que nos soldats, appuyés d'une pièce de canon qui était à bord de la chaloupe commandée par l'élève Demarseau, trouvèrent quelque repos. La mitraille avait arrêté l'ennemi. Un second coup, pour le moins aussi meurtrier que le premier, épouvanta tellement les assaillans, qu'ils se décidèrent aussitôt à cesser leur charge et pensèrent à la retraite. Mais les malheureux auxquels des blessures trop graves ne permirent pas de suivre leurs camarades, tombant au pouvoir de l'ennemi, furent impitoyablement égorgés. On eut la douleur de voir décapiter leur brave capitaine et enlever ses insignes, sans qu'on se soit senti le courage de venger une pareille insulte. On cite, entre autres victimes, un quartier-maître de *la Terpsichore* qui, ne pouvant plus se tenir debout, résista assis à la foule, et fit tomber à ses pieds quatre de ses ennemis avant de rendre le dernier soupir.

Il n'y avait que M. Schœll digne de commander de tels hommes.—Où était donc le chef d'expédition navale qui voulait conserver partout une autorité absolue, se croyant sans doute capable de gagner une bataille? Que faisait-il dans ce moment de désastre? Il regardait froidement, dans une longue vue, ce qui se passait sur un point où était sa place. En admettant que son titre de commandant en chef le dispensât de payer de sa personne, que faisait à bord de son navire l'officier supérieur qui commandait *la Nièvre?* Il fallait cependant un chef, puisqu'il n'y en avait plus ; il fallait un chef pour relever l'esprit des soldats ; il fallait un chef pour venger un tel affront et réparer, par l'honneur d'une victoire, les pertes trop grandes que nous venions d'essuyer..... Mais, non ; il n'y avait plus personne! et la fuite plus honteuse encore des navires que celle de nos troupes devait couronner cette fatale journée.

Le 29, la division passa devant Sainte-Marie sans s'y arrêter, en répandant cette trop fâcheuse nouvelle, et, le 30, elle alla mouiller en rade de Tintingue. Je ne parlerai pas des sorties plus ou moins fondées que fit M. le chef d'expédition à plusieurs officiers, ni des reproches amers qu'il leur adressa, sans avoir entrepris son examen de conscience ; car il ne pouvait pas se dissimuler qu'il venait de sacrifier par son imprévoyance dix-sept malheureux, au nombre desquels était le seul homme sur lequel il pouvait compter, celui sur qui le gouvernement fondait toutes ses espérances, connaissant son zèle ardent pour ce pays, où il venait pour la seconde fois, en promettant le plein succès des projets de cette époque. Il faut le dire, M. Gourbeyre, dans cette circonstance, ne se montra ni brave militaire ni généreux ami.

Cependant les choses ne pouvaient rester dans cet état déplorable : un semblable revers détruisait chez nos ennemis la haute idée qu'ils s'étaient formée de nos armes : il fallait au plus vite laver cette tache ; car cette nouvelle, en s'étendant de plus en plus dans le pays, relevait le courage inné des Hovas et abattait celui de nos partisans. Nos ennemis venaient de construire, à quatre lieues de Tintingue, un fort qui paraissait devenir plus important chaque jour, tant sous le rapport de la construction que sous celui du nombreux personnel qu'il renfermait. Placé entre Sainte-Marie et Tintingue, il menaçait de couper les communications de ces deux points. Pendant son séjour sur la rade de Tintingue, le commandant supérieur des forces navales assembla un conseil. Cette fois il sacrifia son esprit de coterie à la saine raison, et bien lui en prit ; car il vit, à son grand étonnement sans doute, ces fameux héros qui, la veille, voulaient chasser ces sauvages comme de timides cerfs, renoncer à toute espèce d'attaque, ne trouvant partout que des forts imprenables et des milliers d'hommes. Ceux dont il avait cru jusqu'alors pouvoir se passer furent convoqués : leur ferme résolution de venger l'outrage porté aux armes françaises fit décider l'attaque du fort de la Pointe-Larrée.

Le 1er novembre, deux détachemens d'artillerie furent embarqués sur les frégates *la Terpsichore* et *la Nièvre*, sans compter les troupes du 16e léger et la compagnie africaine destinées à cette même expédition. Le 2, au soir, on mouilla dans la partie nord de la pointe; mais, comme on s'aperçut que cette position n'était pas assez avantageuse, on fit un mouvement le lendemain, et on fut s'embosser dans le sud de la pointe, à très-petite distance de la plage, dans l'ordre suivant : *la Chevrette* en avant, destinée à couper la retraite, la frégate prenant le fort en écharpe et *la Nièvre* le prenant en face. Le lendemain matin, 4 novembre, le fort de Sainte-Marie avait à peine terminé la salve qui annonçait la fête du monarque de cette époque, salve qui avait commencé au moment où le soleil se lève sur le plus bel horizon, lorsque la première décharge d'artillerie de la frégate se fit entendre. Une semblable de *la Nièvre* suivit immédiatement. De ce moment un feu continuel envoya, dans l'espace de deux à trois heures, environ dix-huit cents projectiles sur le fort ennemi, et fit cesser un instant le feu des Hovas en démontant quelques-unes de leurs faibles pièces. Les projectiles les plus meurtriers, auxquels ils n'étaient pas habitués, et qui durent les surprendre autant que les effrayer, furent les obus : ils étaient lancés de la frégate sous la surveillance d'un officier qui, s'étant servi fréquemment de cette arme dans les guerres d'Europe, en tira dans cette circonstance tout le parti possible.

Toutes les dispositions étant prises pour le débarquement, on mit deux cents hommes à terre dans l'ordre qui suit : deux colonnes d'attaque et un corps de réserve, formaient notre petite armée, commandée par le capitaine Despagne. Le premier corps était conduit par le lieutenant Bodson et le second par le sous-lieutenant Delarevauchère ; le corps de réserve, composé de la compagnie africaine, obéissait au sous-lieutenant Maréchal. Lorsque les troupes furent à terre, la première colonne suivit le bord de la mer pour attaquer le fort par sa face, et la seconde marcha sur le flanc gauche. A peine cette dernière avait-elle fait soixante pas, qu'elle fut arrêtée par des barricades formées de branches d'arbres assez fortes, plantées à une grande profondeur dans le sable et enlacées les unes dans les autres. Pendant le temps que mirent les troupes à les couper et franchir, elles essuyèrent deux ou trois décharges des pièces du fort ; un seul canonnier d'artillerie de marine fut blessé ; il mourut quelques heures après. Des trous de loup avaient été pratiqués aussi entre ces barrières et le fort, afin de ralentir notre attaque ; mais à l'aide de grenades lancées dans ces petits retranchemens, on fit sortir tout ce qui ne fut pas atteint par les éclats de ces projectiles, et à mesure on fusillait les fuyards. Arrivés l'arme au bras ou à peu près jusqu'aux portes, les Français chargèrent à la baïonnette et entrèrent malgré le grand nombre des combattans qui les couvraient d'une pluie de balles et de sagaies. Parmi les plus dangereusement blessés, on citait M. Bodson, commandant la première division, qui, étant entré le premier par la porte de face, reçut au même instant trois coups de sagaie. Le canonnier qui le suivait en reçut un dans l'œil droit, dont il mourut un mois après. L'autre ligne eut aussi à souffrir, mais moins que celle-ci. Nos soldats signalèrent leur entrée par un grand carnage des ennemis opiniâtres à se défendre. Dix canonniers hovas aimèrent mieux mourir sur leur pièce que de la rendre. Quand les vaincus se décidèrent à prendre la fuite, on les poursuivit jusqu'à ce qu'ils fussent hors de portée ; puis on compta les morts : ils en avaient laissé cent vingt sur la place. Si la réserve africaine avait donné, pas un n'aurait échappé.

Pendant qu'on s'occupait à déblayer le champ de bataille, à prendre connaissance de la disposition de l'intérieur du fort, et qu'on recueillait les dépouilles des Hovas, le chef de l'expédition arriva. Il témoigna sa satisfaction sur la promptitude et la précision avec lesquelles cette attaque avait été exécutée. Il visita en détail l'enceinte du fort, et remarqua un point auquel on n'avait pas encore pris garde. On présuma que ce devait être une poudrière souterraine ; aussitôt quelques soldats y furent envoyés. Ceux-ci, à peine entrés dans l'enceinte, se trouvèrent arrêtés par le choc d'individus cachés dans cet antre obscur. On recommanda de les saisir et de ne tuer personne : ce qui fut exécuté. On vit alors sortir à la file onze de ces malheureux, qui s'attendaient bien à voir le jour pour la dernière fois. On les fit transporter à bord de la frégate, ainsi que quelques autres qui avaient échappé au massacre ; peu de temps après, les naturels en ayant arrêté plusieurs, le nombre total des prisonniers s'éleva à vingt-sept, dont un tiers de blessés. Parmi ces derniers se trouvaient deux femmes, dont une avait eu le bassin traversé par deux balles, et ne mourut qu'au bout de huit jours. L'autre avait reçu dans l'épaule gauche une balle qui avait d'abord traversé la tête de son enfant, qu'elle portait sur ses reins ; de plus un coup de baïonnette qu'elle reçut dans la joue, s'étant avancée, une sagaie à la main, pour en frapper un soldat, tant elle était furieuse.

Lorsqu'on eut découvert cette poudrière, on en retira un assez grand nombre de barils de poudre fine, qu'on reconnut pour être de fabrique anglaise. On prit aussi un beau cheval qui avait appartenu, disait-on, au colonel Andria Diamifidi, qui commandait le fort, et avait pour second le major

Dianconte, dont nous aurons à parler plus tard. On ramassa les munitions, armes, etc.; puis tout étant rétabli dans l'ordre, on s'installa en camp-volant, de crainte d'une attaque des Hovas. Des postes furent assignés, des gardes commandées, des sentinelles placées, et les officiers de marine revinrent à leur bord. Tout ce qu'on avait pris dans le fort fut transporté à bord de la frégate; on commença adroitement par étrangler le cheval en l'embarquant. Peut-être croira-t-on que l'artillerie des vaisseaux avait fait beaucoup de mal au fort, nullement; une petite brèche, rien de plus; et sans le non-achèvement des portes on eût éprouvé une grande difficulté à entrer, tant les murs étaient solides et épais. Je ne m'en rappelle pas au juste l'étendue; mais en voici à peu près la construction. Les murs hauts de six à huit pieds présentaient, au-dehors, une rangée de fortes palissades, unies entre elles par une traverse qui passait dans un trou pratiqué dans leur épaisseur. Leur enfoncement dans la terre assurait leur solidité de ce côté; en outre, elles appuyaient en dedans sur une couche de gazon d'un pied au moins d'épaisseur, et qui était séparée d'une couche semblable en dedans, par trois pieds au moins de sable. Cette seconde partie du mur étant plus élevée que la première, il en résultait un talus de dedans en dehors, dont la partie supérieure était aussi gazonnée. Une seconde rangée de palissades, disposée de la même manière que la précédente, soutenait le tout en dedans. Il existait une porte sur chaque face du carré long que représentait ce fort ; et en dedans de chaque entrée, il existait une espèce d'épaulement qui obligeait de passer de droite et de gauche. Les montans des portes avaient au moins douze à quinze pouces d'écarissage, soutenus par des traverses dans les mêmes proportions, et qui présentaient à l'une des extrémités un trou, dans lequel tournaient supérieurement et inférieurement les extrémités arrondies du principal montant de la porte. Ces encadremens étaient appuyés contre la muraille. Leur épaisseur, leur dureté étaient telles, qu'on a trouvé un boulet de trente de la frégate qui en avait traversé un sans rien briser, que l'endroit par où il était entré pour se perdre dans le mur à deux pieds environ de profondeur. Huit petites pièces de canon défendaient ces remparts ; quatre placées sur des demi-lunes construites aux angles du fort, et les quatre autres sur de petits bastions situés, le premier, entre la porte du sud et la demi-lune de droite ; le second, près de la porte de l'est à droite en entrant ; le troisième, entre la porte du nord et la demi-lune de gauche ; le dernier, entre la porte de l'ouest et la demi-lune de gauche encore, en entrant.

Quelques-unes des pièces des demi-lunes étaient à pivot, mais leur mauvaise installation en rendait la manœuvre fort longue. Il en est ainsi pour leur mousqueterie, au lieu d'avoir comme nous des cartouches contenant la balle et renfermées dans une giberne, les Hovas la mettent dans des morceaux de bambou placés dans une ceinture où ils forment parfois un double rang. Chacun de ces tuyaux est fermé par un tampon d'étoupe ou de fil du pays. Ils ont pendu à leur côté droit un petit sac, contenant d'autres bourres et leurs balles. Celles-ci, fort souvent, ne sont pas de calibre, ou sont en fer battu. Il résulte donc de tous ces inconvéniens que les naturels chargent très-lentement, obligés de prendre leur cartouche pour amorcer d'abord; puis après avoir versé le reste dans le fusil, mis une bourre conduite à l'aide de la baguette, de replacer cette baguette, de chercher une balle dans leur sac et une autre bourre, de les introduire dans le canon et de bourrer de nouveau; alors ils peuvent apprêter leurs armes et faire feu. Cette difficulté à charger les force d'avoir recours aux sagaies. Chaque soldat hova en porte trois. Quand ils ne peuvent échanger un feu assez vif, ou qu'ils sont obligés de battre en retraite, ils passent le fusil derrière leur dos au moyen d'une banderolle, et attendent l'ennemi à une dixaine de pas pour lui lancer la première sagaie, puis la seconde si la charge continue contre eux ou s'ils chargent eux-mêmes; la troisième ne les abandonne jamais, destinée à décider la victoire en leur faveur, ou à tomber avec eux. Souvent, dans une déroute, ils sont obligés de se débarrasser de ces armes qui gênent leur fuite; ils jetteront alors le fusil de préférence, comme l'arme la plus lourde et la moins familière pour eux. Ils n'ont réellement que leur courage à opposer à la tactique européenne, et ils en ont donné des preuves incontestables dans les différentes affaires, surtout dans celle-ci.

Dans l'intérieur, quatre rangées de petites cases formaient, comme l'enceinte du fort, un carré long; les troupes les habitaient. D'autres logemens plus vastes, plus élevés, placés sur une seule ligne étaient destinés au colonel, au major, aux autres officiers et à leurs familles. A l'extrémité nord, étaient des magasins d'approvisionnemens et un corps de garde; dans l'angle, vis-à-vis la demi-lune placée entre l'extrémité sud et la face-est, se trouvait la poudrière. Celle-ci n'était autre chose qu'un trou assez vaste creusé dans le sable. Par dessus, on avait formé un très-fort clayonnage en branches d'arbres, recouvert de plusieurs couches de gazon, ce qui lui donnait une forme demi-sphérique, et présentant une petite ouverture du côté de l'intérieur du fort. Enfin, tout-à-fait en dehors de l'enceinte, entre les murs et la pointe de sable, était un parc contenant environ une centaine de bœufs pour l'approvisionnement de quatre à cinq cents hommes qui composaient la garnison de ce fort.

Comme on avait peur qu'ils revinssent, nos troupes et les navires passèrent deux jours sur ce point; ce qui donna le temps d'embarquer tout le butin.

Le 6, la division mit sous voiles, et se rendit à Tintingue. Satisfait d'un pareil succès, le commandant Gourbeyre eut l'idée de recommencer l'affaire de Foulepointe. Il écrivit à M. le capitaine Giraud qui commandait provisoirement Sainte-Marie, lui ordonnant de tenir sa compagnie d'artillerie prête à partir, et de disposer en même temps deux pièces de campagne d'un petit calibre. Les soldats enchantés de pouvoir rivaliser de courage avec leurs camarades, se mirent aussitôt à l'ouvrage. Le lendemain matin, sacs, fusils, canons, tout était dans le meilleur état. Le capitaine s'empressa d'en informer le commandant en chef, qui lui répondit que cette expédition n'aurait pas lieu. On exprimerait difficilement le mécontentement de ces braves qui se faisaient déjà une fête de venger la mort des héros de Foulepointe. On ne s'occupa donc plus que de fortifier Tintingue, de corriger les endroits faibles, et de pourvoir à tous les besoins de sa garnison, ainsi qu'à ceux de Sainte-Marie.

CHAPITRE X.

Etat prospère de nos établissemens. Industrie des naturels de notre parti. Le prince Corollaire vient en ambassade. On le reçoit à bord de la Terpsichore. Mon voyage par terre de la Pointe-Larrée à Tintingue. Pertes du personnel causées par l'hivernage. Retour de Robin; sa mission reste sans effet. Hostilités contre le sultan d'Anjouan. Ingratitude envers l'ex-maréchal. On commence à manquer de vivres. Disette des plus effrayantes parmi les naturels de notre parti.

Les deux points occupés par nous, étaient à cette époque dans un tel état de prospérité et d'abondance, qu'il était facile d'oublier l'éloignement de la patrie. Plus de quatre mille naturels avaient, en embrassant notre cause, apporté avec eux leurs richesses et leur industrie. Les uns possédaient des troupeaux de bœufs, d'autres de la volaille en abondance. Par la pêche, ils approvisionnaient les deux garnisons. Les communications étaient si fréquentes et si faciles, à l'aide de grosses pirogues dont le nombre ne cessait de s'augmenter, qu'il existait dans les ports de Sainte-Marie une activité étonnante. Les naturels, qui par leur commerce ou les services qu'ils nous avaient rendus en nous apportant plus de vingt mille pièces de bois énormes pour les palissades et les pièces de charpente, avaient gagné beaucoup d'argent, étaient heureux; car ils pouvaient satisfaire leurs besoins ou leurs caprices, et versaient chez les marchands ce fruit de leurs peines. On vivait à fort bon compte, et pour peu de chose on avait des serviteurs fidèles, intelligens et dévoués. Des villages surgissaient de tous côtés, sous nos murs, hors de notre poste avancé, autour de la baie. Le plus considérable était celui de la rivière des Mahompas. Pour suivre notre exemple, et se rappelant que Radama avait dans l'attaque de ce point, jeté sur la rivière un pont qui existait encore en partie, ils se fortifièrent en garnissant de palissades tout ce qui était attaquable, ne laissant d'autre ouverture qu'une porte formée de grosses pièces de bois, unies ensemble par des traverses et tombant de chute. Au coup de canon du soir cette porte se fermait en même temps que celle du pont levis du fort. Enfin, nos partisans, on le voit, s'appliquaient à imiter toutes nos manœuvres.

Vers la fin du mois, des lettres annoncèrent que, peu de jours après, un corps de Hovas devait paraître avec une ambassade pour traiter. On répondit en faisant connaître que le lieu du rendez-vous serait dans le sud de la Pointe-Larrée, et que la réception de l'ambassade se ferait à bord de la frégate *la Terpsichore*. Les navires composant la division se rendirent au lieu désigné dès qu'on signala l'approche des troupes hovas : le soir même on vit leurs feux de campement sur le littoral. Le lendemain matin, la communication eut lieu par le moyen des embarcations de différens navires qui transportèrent à bord de la frégate le prince Corollaire, un général, deux colonels, quelques majors et une partie seulement de l'escorte, qui se composait de soixante hommes de la garde royale. Deux choses durent surprendre nos officiers, et surtout le commandant de l'expédition : 1° la tenue assez belle des troupes ; 2° la présence du prince Corollaire, qui se donnait là simplement comme interprète, le général hova étant porteur de la lettre et spécialement chargé du traité. On fut bien étonné de voir arriver des hommes noirs revêtus des insignes des grades qu'ils annonçaient, et plus encore des soldats complètement habillés, équipés à l'anglaise, et manœuvrant comme les troupes de cette nation. Cela jeta dans une surprise d'autant plus grande, qu'on n'avait encore eu affaire qu'à des misérables presque nus. Lorsque les embarcations eurent pris tout ce personnel noir, on rendit au prince Corollaire les honneurs dus à son rang, et une salve de treize coups de canon fit connaître son arrivée. La garde sous les armes et les états-majors, ayant à leur tête le commandant, reçurent les membres de l'ambassade : après toutes les politesses d'usage, on descendit dans la chambre du commandant de la frégate, où un conseil particulier s'assembla, composé de MM. Letourneur, Jourdain, Carayon et quelques autres officiers. Il devait être question de débattre de grands intérêts : on s'attendait à soutenir de longues discussions sur la légitimité de nos droits, et la fâcheuse nécessité où nous nous étions trouvés de les reconquérir par les armes, n'ayant eu, n'ayant encore que des intentions pacifiques. En effet, il fut bien question de tout cela ; mais la principale affaire du fondé de pouvoirs de la reine était de porter une lettre qu'elle protestait de nouveau contre notre séjour sur les côtes de Madagascar. De quel côté les droits avaient-ils été violés ? Où était l'usurpation ? Par quels moyens les Hovas avaient-ils donc acquis la prétendue propriété de l'île ? En vertu de quel titre s'étaient-ils établis sur le littoral ? Et, puisqu'ils se proclamaient les maîtres absolus de l'île entière, que n'allaient-ils planter leur drapeau chez les Saclaves, peuplade du nord encore indépendante ?—Voilà ce qu'on devait répondre à cette lettre et aux envoyés.

Il y avait cependant au nombre des membres de notre conseil un officier qui habitait Sainte-Marie depuis dix ans, et qui, sachant à peu près la langue du pays, eût pu se rendre très-utile ; mais presque tout fut interprété par le prince Corollaire, et nous allons voir ce qui en est résulté. Quelques mots sur cet homme rusé.

Corollaire est le fils naturel d'un ancien officier supérieur d'artillerie ainsi nommé, qui, pendant son séjour à l'Ile-de-France, fit la connaissance d'une femme assez notable de Madagascar, sœur de l'ancien roi Jean René. L'instruction qui lui fut donnée dans les pensions et le collége de l'Ile-de-France l'éleva au-dessus de la classe ordinaire des mulâtres. L'occupation de son pays natal par les Anglais lui permit d'apprendre la langue de ces nouveaux maîtres. Lorsque son éducation fut achevée, il voulut fouler le sol de ses ancêtres maternels. C'était pendant le règne de Radama et peu de temps avant la mort de Jean René. Considéré par le roi comme originaire de Madagascar et descendant du chef puissant auquel il devait la possession d'une grande partie de la côte-est, il reçut le titre de prince des Bétanimènes, et la mort de son oncle lui valut le commandement en chef de la province.

Corollaire, à peine échappé des bancs de l'école, se trouvant tout à coup au faîte des grandeurs, ne pensa plus à son pays : d'origine française, il devint Hova par circonstance et Anglais par calcul. Son instruction le mettait bien au-dessus des naturels qu'il était obligé de voir ; il rechercha la société des agens et des missionnaires anglais, oublia ses titres pour se concilier leur amitié, et se les lia tous en effet. Son esprit encore tendre savait se plier aux nécessités de la vie politique : il prit de ces agens leurs séduisans dehors et les détours trompeurs si utiles en diplomatie.

Il avait déjà fait de grands pas dans cet art, lorsque Radama, s'apercevant de l'ascendant que prenaient chez lui les agens étrangers, songea à en paralyser l'effet. Il rappela Corollaire en lui substituant Robin, à qui il donna, avec le grade de grand-maréchal, le commandement de la même province. Le parti anglais commençait à lui inspirer de vives inquiétudes. A cette époque, sans la mort trop prématurée du roi, les choses eussent tourné à notre avantage. Ce fatal événement causa un bouleversement général. On sait que les amis de l'ancien ordre de choses furent disgraciés ou détruits : le parti de l'opposition, devenu tout-puissant, nomma reine Ranavalo, qui prit pour ministres des jeunes gens élevés à Londres ou à Maurice. Corollaire reprit le commandement de sa province en remplacement de Robin, qui ne dut la vie qu'à son titre d'étranger. L'autre reprit son premier rôle et s'appliqua à entraver nos relations. La défense de laisser monter notre ambassade, le refus des cadeaux, etc., ne furent que des conséquences de ses démarches secrètes. Quand, par suite de sa défaite, il courut à Tananarive, il sut exagérer les torts qu'avaient causés les troupes françaises, et persuader à la reine que, non contens de la supériorité de nos armes, nous avions encore amené de l'Afrique des anthropophages pour dévorer nos ennemis. Une semblable nouvelle porta l'effroi dans la ville. C'est au point qu'arrivés à Tananarive, les soldats, se croyant encore poursuivis par nos troupes, tous les habitans suivirent l'exemple de leur fuite et abandonnèrent quelque temps leurs demeures.

Corollaire ne s'en tint pas là. A force d'artifices, justifié de l'abandon honteux de son poste et réintégré dans son gouvernement, il eut soin de se tenir au courant de tout ce qui se passait entre la capitale et le littoral. Aussitôt qu'il apprit ce projet d'ambassade, il offrit ses services, promettant d'obtenir tout par sa connaissance de la langue. Il ne manqua pas d'aller au-devant du fondé de pouvoirs ; et, une fois au courant de ses instructions, s'empara de l'affaire, promettant beaucoup à notre commandant qu'il trompait d'une façon indigne et agissant près de la reine dans un sens tout opposé. Car il venait de lui donner des détails sur les pertes considérables qu'avaient éprouvées ses troupes dans les différentes attaques, surtout dans celle de la Pointe-Larrée, dont il ignorait le résultat. Je tiens ces renseignemens d'individus qui connaissaient Corollaire ; du reste, les faits confirmeront de plus en plus l'authenticité de de ce que j'avance.

Pour me rendre un compte exact de toutes mes idées sur le pays, je profitai d'une invitation que me fit M. le commandant Gourbeyre, de visiter Tintingue et ses environs. Je devais émettre ensuite mes opinions sur ce qui avait rapport à ma profession. Le petit navire qui m'y transportait avec quelques hommes de troupes, ayant mis deux jours pour faire quatre lieues, par suite de vents et de marées contraires, je priai le capitaine de me mettre à terre. Deux chasseurs du 16º léger, ainsi que le nommé Lelièvre, sergent d'artillerie de marine, s'offrirent comme escorte. Comptant sur l'amnistie, nous débarquâmes sur la Pointe-Larrée, le 12 décembre à onze heures du matin. Nous commençâmes par visiter l'enceinte du fort ; quelles réflexions nous inspiraient les horreurs de la guerre à la vue de cadavres épars çà et là, desséchés et comme momifiés... Bientôt nous nous remîmes en route, et dans la traversée je fis les remarques suivantes : laissant sur notre droite un bras de rivière, qui se présente à peu de distance du littoral, nous prîmes un chemin qui conduisait au village de Simiourg, qui est à cinq lieues dans l'intérieur, à l'ouest de la côte. Cette direction nous écartait trop de notre route ; nous suivîmes un petit sentier situé à droite, et qui se dirigeait vers le nord-ouest, entre la rivière dont j'ai fait mention, et un petit bois. Là, nous trouvâmes les débris des arbres que les Hovas avaient coupés pour la construction de leurs forts. Ce chemin se terminait au bout de deux milles, par une petite mare que nous traversâmes. Là, le terrain changea d'aspect : d'abord, la rivière s'éloignait rapidement en se portant dans le nord, et le bois se dirigeant au contraire dans le sud, était remplacé par un marais large et profond. A en juger par le temps que nous mîmes à suivre sa direction, j'évaluai sa longueur à plus de six milles, et sa largeur à plus de cent toises. La plaine très-vaste dans laquelle il s'étendait offrant de distance en distance des bouquets d'arbres touffus, nous eûmes le plaisir de tirer du gibier de toute espèce, tels que pintades, tourterelles, cailles, merles, etc., et sur le marais plusieurs genres de canards d'une beauté remarquable, connus sous le nom de *tsiriri*, *varona*, *coui*, des poules d'eau et des hérons. A l'extrémité du marais, le sentier se bifurquait en deux branches, dont l'une se dirigeait dans l'ouest et l'autre dans le nord-nord-est. Je consultai ma montre qui m'indiquait déjà deux heures et demie de marche, et après avoir calculé la distance à laquelle nous devions être de la mer, par la direction que nous avions prise, me guidant sur le soleil, je préférai prendre la route du nord. Le choix, je l'avoue, n'était pas heureux en apparence, parce que de l'autre côté il semblait n'exister que très-peu de marais, tandis que de celui-ci, il s'en offrait un bien plus grand nombre. Malgré tout, nous suivîmes cette direction et traversâmes quatre fort larges marais tout couverts de joncs. A quelque distance du dernier nous fûmes arrêtés par un petit bras de rivière d'une dixaine de pieds de large sur quatre pieds de profondeur. Nous la passâmes à l'aide de perches laissées à quelques pas de là et en nous appuyant sur un long bâton qui nous servait de support. Outre le peu de solidité de ce pont construit à la hâte, nous n'eûmes pas égard à la qualité des pièces qui le formaient, et qui ayant déjà supporté l'effort de mes trois hommes, se brisèrent sous mes pieds. Sortir de l'eau le plus tôt possible, et sécher mes vêtemens fut mon premier soin. Nous traversâmes encore deux marais moins grands que les précédens, puis une petite plaine, puis des bois, et enfin nous fîmes halte. Déjà nous marchions depuis cinq heures. Du pain et du vin furent notre repas. Mais nous manquions d'eau. Je me rappelai la prévoyance de la nature, qui dans ces pays où de terribles fièvres vous prennent tout à coup, met le remède à côté du mal. Le raneval s'élevait là, *l'arbre du voyageur*. Nous plongeâmes les sabres de nos chasseurs dans le corps tendre de ces élégans palmiers, et aussitôt il en jaillit d'assez forts courans d'une eau limpide et fraîche que nous mêlâmes à notre vin par le moyen de vastes tasses que nous formions avec le diamètre immense des feuilles de cet arbre. Jamais excursion de ce genre ne m'a offert autant d'intérêt, malgré la peine et la fatigue que nous causa cette route.

Après vingt minutes de repos, nous nous remîmes en marche en suivant un sentier à peine tracé qui longeait le bois qui nous avait prêté son ombrage, et nous conduisait à un chemin beaucoup plus large, qui le coupait à angle droit. Cette plaine devait bien avoir, du point de notre départ à l'endroit où nous trouvâmes la route, au moins deux lieues. Nous entrâmes peu de temps après dans une forêt prodigieuse. Des arbres d'une hauteur gigantesque et d'une grosseur proportionnée étonnaient nos regards. Près d'eux, s'élançaient de jeunes palmiers d'une variété infinie de formes. Des lianes jetaient d'un arbre à l'autre leurs guirlandes de feuilles et de fleurs.

Il y avait à peine une demi-heure que nous étions plongés dans l'obscurité mystérieuse de ce bois, lorsque notre attention fut attirée par des cris tellement forts, qu'un des soldats crut reconnaître un hourra des

Hovas. Dans l'incertitude, nous prîmes la défensive. J'allai en avant des trois hommes qui m'escortaient dans l'intention de haranguer en malgache nos aggresseurs, en les engageant à nous laisser passer, ou à s'attendre à une résistance de notre part jusqu'à ce qu'il n'en restât plus un. Les soldats avaient dégainé leurs sabres et le sergent tenait mon fusil à deux coups chargé à balles. Telles étaient nos dispositions lorsque notre profond silence nous fit distinguer, dans ce bruit confus, le cri de quelques manis, famille voisine des singes, particulière à ce pays. Rassurés, nous nous remîmes en route. Le bruit sourd des vagues qui venaient se briser sur la côte sablonneuse, nous fit penser que nous touchions au terme de notre voyage. L'obscurité s'évanouissait progressivement ; à travers une couche moins épaisse de feuillage, le soleil nous apparaissait encore à quelques dégrés au-dessus de l'horizon. La mer, doucement agitée par un vent léger, produisit un nouvel effet sur notre esprit occupé des différens tableaux qui s'étaient offerts dans ce petit voyage. Fatigués, et ne voyant pas encore la rivière de Fandarase qui nous avait été désignée comme point principal de reconnaissance, nous fîmes une seconde halte à peu de distance de la sortie de la forêt.

Pendant que nous réparions nos forces par un repas semblable au premier, nous vîmes des Malgaches, armés de sagaies, sortir de la forêt. A la vue de nos armes, ils reculèrent : mais aussitôt que je les eus appelés et rassurés par des paroles de paix dans leur langage, ils vinrent à nous. Je les questionnai sur les Hovas, sur leur séjour, leur nombre et l'état dans lequel ils étaient. Ils me répondirent qu'ils n'étaient tout au plus qu'une centaine à Simiares, qu'*Andria Diamifidi* était blessé au bras d'un coup de feu ; qu'ils s'emparaient de tout chez les habitans de ce pays, et arrêtaient tout ce qui paraissait être de notre parti, sans égard pour le sexe ni l'âge. Après leur avoir donné de nos vivres, nous fîmes route pour Fandarase, où nous arrivâmes à six heures et demie. Quelques Malgaches émigrans que nous trouvâmes sur le bord de cette belle et large rivière, voulurent bien nous la faire traverser dans leurs pirogues. Faute d'en avoir d'assez larges pour nous transporter à Tintingue, nous continuâmes notre route à pied : ce qui mit le comble à notre fatigue. Un heureux hasard adressa devant nos pas un naturel que j'avais déjà vu à Sainte-Marie, et qui me reconnut. Sur ma demande, il nous amena une pirogue, et, avec le secours de trois de ses camarades, nous conduisit à notre destination. Une pièce de cinq francs le combla de joie. A neuf heures, nous étions à bord de notre petite goëlette.

Tintingue était alors dans un état prospère ; comme je l'ai déjà dit, il y régnait une activité étonnante tant des travaux que dans le commerce ; tout respirait le bonheur, la gaîté et l'abondance. Cependant on ne prenait aucune disposition contre l'hivernage qu'on devait redouter, et qui n'était pas éloigné. La liberté dont chacun jouissait, la bonne chère et des plaisirs faciles, faisaient oublier sans doute bien des choses importantes pour l'avenir. M. le capitaine Gailly rachetait parfois ses idées fantasques et absolues, par une activité et une force de caractère qui plaisaient généralement. Il avait eu dans son installation l'heureuse idée d'enrôler tous les Malgaches qui se présentaient volontairement ; déjà il en avait trouvé une cinquantaine ; mais loin de tirer parti de ces gens-là, il les traitait comme une sorte de garde d'honneur privilégiée, qui ne faisait qu'un service très-facile près de sa personne ; cela valut à ces pauvres diables le titre dérisoire de gardes-du-corps, qui les dégoûta du service. Employés comme les autres, ils seraient restés plus long-temps, ne fût-ce que pour conserver les armes dont on leur apprenait le maniement. On s'est plu à leur appliquer le reproche de lâcheté ; accusation mal fondée, car dans tous les branle-bas de combat, chaque fois qu'ils entendaient battre la générale, soit de jour, soit de nuit, ils se rendaient avec empressement à leur poste, bien qu'il ne fût pas le moins périlleux ; en effet, ils formaient avec un détachement de chasseurs du 16ᵉ léger, commandé par le brave lieutenant Comuel, l'avant-garde qui devait supporter le premier choc de l'ennemi ; voici donc encore un point sur lequel on a péché : c'était pourtant le moyen d'augmenter nos partisans, et par conséquent nos forces.

Tant qu'il fut possible d'entretenir l'industrie des naturels, on les vit se livrer à tous les travaux que l'on exigeait d'eux. L'argent qu'ils gagnaient leur procurant le nécessaire, ils vécurent heureux cette année et le commencement de l'autre. Le caractère du commandant entrait aussi pour beaucoup dans leur bien-être ; il avait su apprécier leur caractère et avait l'art de s'en faire obéir et aimer. Dans de pareilles circonstances peut-on dédaigner l'amitié de prétendus sauvages ? oh ! non ; et les projets des colonisateurs ont presque toujours échoué faute de savoir s'attacher les naturels. Soit vanité, soit indifférence, on les a trop souvent rejetés ou laissés de côté. Songeait-on aux soins désintéressés qu'ils rendaient aux Européens malades ? à cet esprit de charité qui les conduisait des maisons particulières à l'hôpital, partout où étaient des souffrans ? Mettra-t-on l'intérêt en avant, et les croira-t-on poussés par le moment, en songeant que les mieux payés avaient dix francs par mois et une livre et demie de riz par jour pour toute nourriture ? Qu'appelez-vous philantropie, si vous ne la reconnaissez chez ces hommes si peu intéressés, récompensés si mal ?

La terrible saison de l'hivernage commençait à faire sentir ses ravages ; on perdit dans le mois de janvier 1830, M. Roubaud, chirurgien aide-major du 16e léger. Son zèle pour la science et le service lui fit demander d'accompagner son bataillon. Sa trop grande activité causa sa maladie ; une affection morale vint la terminer. C'est à l'administration de Bourbon qu'on doit la mort de ce zélé citoyen, pour lui avoir refusé de le laisser rentrer avec les troupes expéditionnaires. Le capitaine Gailly fut aussi victime de son excès de zèle ; on n'a qu'un reproche à lui faire : c'est de n'avoir pas assez pris en considération la funeste influence de la saison dans laquelle on entrait. Il entraîna par sa faute plus de cent hommes, qui la payèrent de leur vie. Aussitôt cette nouvelle parvenue à Bourbon, on proposa le commandement à M. Jourdain, envoyé de France sur *l'Infatigable*, et délégué pour le poste de Mahé, dans l'Inde. Il avait accepté et faisait ses préparatifs lorsqu'une dépêche ministérielle arriva, et fit connaître que ce commandement était donné à M. le capitaine de génie Bleved, qui avait déjà commandé à Sainte-Marie. En attendant l'arrivée de cet officier on choisit pour chef provisoire M. Carayon, dont nous avons déjà eu occasion de parler, et sur le compte duquel nous reviendrons plus tard. Voyons d'abord le résultat de la mission de Robin sur la côte nord de Madagascar et à Anjouan, et celui de la mission du capitaine Pontier, qui commandait *la Zélie*, ayant avec lui la goëlette *le Colibri*.

On sait qu'au lieu de garder près de lui Robin pour le guider dans ses démarches, M. le commandant de l'expédition l'écarta parce qu'il craignait son influence ou n'aimait pas à recevoir ses conseils. Il l'avait envoyé soulever les Saclaves, peuplade guerrière, ennemie née des Hovas; mais quelles ressources on lui avait données! quelques fusils, quelques barils de poudre. Il partit cependant, et trouva les naturels dans les meilleures dispositions. Mais leur réponse déjà prévue fut que cette quantité de fusils et de munitions était insuffisante pour leur peuplade qui s'élevait à plus de dix mille hommes. Ils promirent tout ce qu'on pourrait désirer de leur courage, à condition qu'on leur fournirait les moyens de se battre.

L'entrevue qu'eut Robin avec Ramanetac, parent de Radama, retiré auprès du sultan d'Anjouan par suite du massacre des siens, avait pour but d'engager ce prince à soulever le parti qui lui restait fidèle à Tananarive, et de marcher sur la province d'Emyrne avec ses quatre-vingts soldats et ses cent esclaves. Il fit sentir que ce nombre d'hommes était insuffisant; que sa vie serait compromise dans la lutte, et que pour l'engager, au moins fallait-il une certitude d'appui. Il demanda quelles étaient les garanties qu'on pouvait lui donner, et les avantages qu'on lui offrait pour jouer ainsi sa vie et renoncer aux jours paisibles qu'il passait dans son exil. Mais comme notre chargé d'affaires ne pouvait rien prendre sur lui, Ramanetac, rempli de bonne volonté, proposa d'envoyer ses deux principaux aides-de-camp pour traiter, en leur laissant toute latitude, avec le gouverneur de Bourbon.

Cette entrevue n'eut lieu qu'après une affaire aussi scandaleuse que ridicule. On avait appris à Bourbon qu'un navire négrier était allé à Anjouan, et que le capitaine après avoir vendu une partie de sa cargaison et le navire, était parti. Les armateurs pour s'indemniser, prétendant que leur vaisseau avait été arrêté par le sultan de cette île, obtinrent du gouvernement de le faire réclamer, ainsi qu'une quarantaine de noirs environ qui composaient la cargaison vendue. Le sultan refusa d'abord aucune restitution; mais le capitaine de *la Zélée* fit entendre l'*ultima ratio regum*. Après quelques instans du jeu de son artillerie et de celle du *Colibri*, on envoya de suite prévenir que les noirs seraient rendus. On prit au hasard les malheureux qui se trouvaient dans la rue, et on compléta le nombre réclamé qu'on envoya à bord. L'une et l'autre mission étant remplies, les deux navires firent voile pour Bourbon; les nombreuses contrariétés qu'ils éprouvèrent obligèrent la goëlette de rester aux Seychelles. Cependant Robin arriva à Bourbon avec les deux aides-de-camp de Ramanetac; ses noirs furent remis entre les mains de l'autorité et de la justice, étant considérés comme noirs de traite. Le commerce, qui ne veut jamais perdre dans ses spéculations, réclama, plaida; et les noirs furent au bout de toutes ces plaidoiries considérés comme des négocians arabes. Malgré tout, le gouvernement s'empara des prétendus négocians, qui n'étaient autre chose que de beaux et francs Mozambiques, et les envoya exercer leur industrie à Tintingue, où on les mit à piocher la terre, scier du bois, enfin, aux travaux habituels des hommes de couleur; et échappés a tant de maîtres ils devinrent engagés pour quatorze ans envers le gouvernement.

Pour en revenir à l'affaire des aides-de-camp de Ramanetac, on les considérait à Bourbon plutôt comme des bêtes curieuses, que comme les fondés de pouvoir d'un homme influent. On chargea Robin de faire les dépenses nécessaires pendant leur séjour, et avant leur départ on leur fit quelques cadeaux, entre autres des épaulettes de colonel, marque distinctive de leur grade. Au lieu d'utiliser leur présence et de s'occuper des motifs de leur voyage, on les laissa aller au bout de deux mois, d'un séjour presque ignoré. Lorsque ces envoyés furent partis, Robin réclama le remboursement de ses frais ; mais il ne l'obtint pas sans peine ; car on trouvait qu'il les avait trop bien traités. Cependant pour reconnaître ses services, on lui donna une place d'agent de colonisation avec trois mille francs d'appointemens. Ses attributions très-minimes le mettaient un peu au-dessous des gens inutiles ; c'était ce qu'on se proposait. Car, dans bien des circonstances, ses conseils et ses opinions avaient heurté des amours-propres irascibles. Pour achever de lui retirer son influence on avait ajouté à sa charge le titre d'interprète ; il le refusa et voulut être désigné comme le défenseur des droits et intérêts des naturels, et remplir pour eux les fonctions d'officier civil.

A cette époque, la frégate revint à Tintingue. *La Zélée* resta seule pour défendre le port. Le chef principal était mort, ainsi qu'une grande partie du personnel; les choses commençaient à changer d'aspect. Les travaux n'étaient plus continués, et les naturels souffraient de toute façon, car rien n'alimentait plus leur industrie. Les Hovas, au lieu de venir attaquer en force notre établissement, se postèrent à Sémiang, village situé à cinq lieues dans le sud de Tintingue, et à Monahar, autre village situé à quinze lieues dans le nord; par des correspondances établies avec ces deux points, ils coupèrent toutes nos communications avec l'intérieur, empêchèrent les approvisionnemens d'arriver, et mirent nos partisans dans une position fort difficile. Le commandant de l'expédition commençant à s'apercevoir de l'état de gêne dans lequel se trouvaient nos postes, les naturels et le commerce, ne resta que très-peu de temps sur la rade et repartit pour Bourbon, du 10 au 15 mars. Tous les genres de service se ressentaient déjà de la perte funeste du capitaine Gailly. L'esprit grossier, despotique et pusillanime de son remplaçant augmentait chaque jour le nombre des mécontens, et détruisait la confiance de la garnison. Les compagnies noires qui par leur constitution avaient plus facilement résisté à l'hivernage, devinrent ses privilégiés, au point qu'il proclamait leur supériorité sur les troupes Européennes. Il en résulta des discussions sans nombre entre les soldats, des duels entre les officiers. Enfin, le désordre fut porté au comble; et le séjour de Madagascar enchanteur d'abord, devint infernal sous le règne de ce favori de l'intrigue. Aux réclamations de ses subordonnés, fondées toutes sur les articles des ordonnances, il opposait ses ordres arbitraires ; ceux ci envoyaient-ils leurs plaintes au commandant supérieur ou au gouvernement de Bourbon, elles n'arrivaient que précédées ou accompagnées d'infames délations : c'est au point que pas un des officiers subalternes n'en a été exempt. Voilà les ressources qu'il employa pour se maintenir dans son poste usurpé. A présent que l'on conçoive, s'il est possible, l'idée qu'eut M. Gourbeyre de tirer de ses cannes à sucre ce misérable, qui y rampait depuis dix ans. Pourquoi le réintégrait-on sans cesse quand, pour vivre en sauvage dans ses plantations, il donna à plusieurs reprises sa démission ? Quand il ne demandait de service que pour voler des appointemens qu'un autre eût gagnés. Je dis voler, et l'expression ne paraitra pas trop forte, si l'on connait le désordre qu'il avait mis dans toutes les parties du service, le gaspillage des approvisionnemens, la confusion dans la comptabilité. Qu'on demande le moindre compte rendu des recettes et des dépenses faites à Madagascar, surtout sur le chapitre : « Approvisionnemens ; » je défie le plus habile administrateur d'en suivre la trame et d'y établir un ordre passable... Du reste, ce qui confirme ce que j'avance, c'est que depuis trois ans l'administration de Bourbon a voulu remplir cette tâche, sans y pouvoir réussir. Qu'on vienne se plaindre ensuite des dépenses qu'entraîne une expédition, un établissement, quand on n'en contraint pas le chef à justifier de sa gestion, quand on se contente de recevoir de

12*

lui des papiers confus et qu'on le laisse se retirer avec cinquante ou cent mille francs, plus ou moins, fruit de sa friponnerie. Voilà d'où naissent les abus en France. Les chefs des colonies jouissant d'un pouvoir illimité, et n'étant pas assez responsables de leur conduite, s'inquiètent peu de ce que l'on dira plus tard, pourvu qu'après avoir passé cinq, huit ou dix ans dans un pays, plus ou moins malsain, ils puissent revenir en France manger une fortune souvent déshonorante. On pourrait citer quelques autres cas de ce genre ; mais comme ils sont étrangers à ce sujet, je les passerai sous silence.

Si les européens avaient à se plaindre de la conduite de cet officier, les naturels ne furent pas les moins malheureux. Au lieu de s'efforcer de leur être utile, on eût dit qu'il prenait à tâche d'aggraver leur triste position. Arrivait-il du riz ou d'autres approvisionnemens, au lieu de les faire vendre au meilleur prix possible, il s'en emparait soi-disant pour le gouvernement, et plus tard en passait la majeure partie aux marchands qui gagnaient dessus jusqu'à 400 pour cent. Le croirait-on ? un bol de riz s'est vendu jusqu'à 1 fr. 25 cent. Pour masquer un peu ces menées infâmes, il faisait parfois surveiller les marchands qui ne lui payaient pas sans doute une redevance, ou qui n'étaient pas dans ses bonnes grâces. Lorsqu'il les trouvait en défaut, il les chassait de l'établissement. C'était le plus sûr moyen d'augmenter les chances de ses complices en friponnerie. Ces spéculations s'étendaient même sur ce que le gouvernement fournissait aux employés à charge de remboursement. Cela semblerait une calomnie affreuse, si ces faits n'avaient pas été dévoilés par les réclamations de quelques officiers envoyés à Bourbon.

Les naturels avaient-ils à faire une demande, ils tremblaient d'avance, connaissant le caractère brusque et inhumain du commandant. Il ne faisait rien sans consulter une mégère qui lui servait d'interprète : il fallait être dans les bonnes grâces de cette harpie rembrunie. Ceux qui lui déplaisaient sollicitaient en vain. Une fois, indignés d'une semblable conduite, ils prirent le parti de recourir au conseil d'administration. Il s'agissait d'un esclave que cette méchante femme avait soustrait d'autorité à un chef, pour une petite somme qu'il lui devait et s'offrait à rembourser, afin de rentrer en possession de son noir. Le conseil fut obligé dans cette circonstance et pour éviter des suites funestes, de sévir contre la femme du commandant qui se déclara incompétent : manière sûre de mettre son honneur à couvert.

Eprouvait-il une opposition de la part des naturels, aussitôt il ne voyait plus que révolte, et recourait aux moyens de rigueur. Il eut un jour la sottise de menacer la mère du jeune *Mandi Tsara* de la faire attacher à un arbre et frapper par ses noirs, parce qu'elle se plaignait justement de la fâcheuse position où nous avions mis les naturels. Oubliait-il donc, l'impudent, que cette femme était encore assez puissante pour soulever les naturels? de plus, son fils eût-il souffert un pareil traitement, lui déjà mécontent? Car on lui avait promis un revenu de 1500 francs, et la troisième année lui avait été supprimée ; c'était de lui pourtant que nous tenions le terrain de Tintingue, et il avait mangé le peu qui lui restait, dans une habitation qu'il formait avec sa sœur. Ce jeune homme, jouissant de tous les avantages de la civilisation et de l'estime de tous les Européens, eût-il laissé impunie une violence pareille envers l'auteur de ses jours? non certes, il l'avait hautement juré. Ainsi, la folie d'un cerveau détraqué pouvait mettre en péril l'existence de la colonie.

Je m'arrête : car cette source inépuisable me fournirait tant de faits, que l'homme doué de raison n'oserait me croire. Voilà cependant le chef qui a gouverné, pendant un an, nos établissemens de Madagascar.

Il y avait peu de jours que la frégate *la Terpsichore* était partie de Tintingue, quand la gabarre *la Chevrette* se perdit sur les rescifs de l'entrée des passes. On envoya prévenir de suite le commandant qui était encore sur la rade de Sainte-Marie. Il vint le lendemain prendre connaissance de l'accident, répartit les hommes de cet équipage sur les navires en rade, et fit voile deux jours après pour Bourbon.

Toute cette année se passa sans alertes, non pas sans événemens fâcheux. La pénurie des vivres augmentant chaque jour, on fut forcé d'envoyer les navires de la division chercher du riz de l'Inde à Bourbon, pour alimenter les établissemens de Madagascar. Les Hovas maltraitaient si fort nos partisans que ceux-ci ne pouvaient plus s'éloigner. A chaque instant ils rencontraient dans les bois, aux environs, des espions ou des gens armés qui les tuaient sans pitié. Cependant, quelques uns pressés par le besoin, cherchèrent à gagner le nord au moyen de leurs pirogues et passèrent chez les Saclaves. D'autres, plus timides ou privés de ces ressources, restèrent soit à Sainte-Marie, soit à Tintingue, et y vécurent misérablement, n'ayant que le strict nécessaire pour calmer leur faim. Avec leur bien-être, leur courage s'évanouit. Faute de vivres, ils se refusaient au travail ; car leur moral se ressentait de leur affaiblissement physique. Parfois on obtenait d'eux quelques journées pour des provisions : mais ils dédaignaient l'argent devenu inutile. Les moins pauvres défrichèrent du terrain aux environs de Tintingue, et établirent d'assez vastes plantations dans les marais et sur les montagnes, fondant là dessus tout leur espoir.

Nos ennemis n'eurent pas moins à souffrir que nous de l'influence climatérique. J'appris par des familles entières qui se réfugiaient chez nous, que sur deux cents Hovas formant la garnison de Manahar, cent étaient morts dans les deux premiers mois de l'hivernage, et que la crainte du même sort avait forcé le reste à se retirer dans les montagnes. Partout sur les autres points, ces naturels de l'intérieur étaient aussi malades que nous. Nous en eûmes la preuve par nos prisonniers qui étaient pour la plupart d'une maigreur effrayante.

A ce propos, je dois ici dire ce que devinrent ces pauvres diables, qui s'imaginaient qu'on les avait destinés à être mangés par nos féroces africains. D'abord, on les mit sur *le Madagascar* où ils reçurent tous les soins possibles; on leur donna l'uniforme des matelots; par des signes on leur montra qu'il fallait se porter sur telle ou telle manœuvre; pour les distinguer, on leur mit au cou une petite plaque sur laquelle leur nom était écrit. Cette marque les humilia un peu : ils croyaient qu'on agissait envers eux comme avec des animaux, mais en apprenant le véritable motif, ils se consolèrent ; bientôt cette médaille fut enlevée. Le séjour continuel à bord et la douceur de nos relations, leur firent si bien oublier leur état de servitude, qu'ils cherchèrent à comprendre notre langue, et qu'en peu de mois ils parvinrent à distinguer les divers commandemens au point de ne pas se tromper de manœuvre. Lorsqu'ils furent instruits, la frégate les prit et les garda jusqu'au moment de leur libération. Ils étaient tellement habitués au séjour du bord, et se trouvaient si bien de notre conduite à leur égard, qu'ils ne voulaient plus retourner auprès de leurs compatriotes, soit amitié véritable et reconnaissance pour nous et nos soins, soit crainte de subir un jugement dans leur pays pour s'être laissé prendre. Les uns pleuraient ; les autres suppliaient qu'on les gardât. Voici donc des ennemis qui, par suite d'un traitement humain, nous devinrent attachés et eussent augmenté le nombre de nos partisans si l'on eût voulu les conserver.

Pendant que M. Gourbeyre débattait ses intérêts avec le conseil privé du gouvernement de Bourbon, M. le capitaine Blevec vint en juin prendre le commandement des établissemens, et M. Carayon rentra en seconde ligne dans celui de Sainte-Marie. *La Nièvre* et *l'Infatigable* étaient venus remplacer en approvisionnemens et en personnel ce que l'on avait perdu. La tâche du nouveau commandant était difficile; il avait à ramener l'union et la confiance. Or, à chacun la justice qui lui est due : cet officier, qui ne dirigea que six mois la colonie, les rendit remarquables par son esprit de justice et de bonté, tant pour les Européens que pour les naturels, sans aucune distinction. Il chercha de suite à rétablir l'ordre dans toutes les branches du service; mais le mal était irréparable; il ne put qu'améliorer le présent. C'est sous ce rapport qu'on lui doit les plus grands éloges.

Malheureusement il ne fit que passer, et Bourbon ne seconda point ses efforts. Déjà la famine devenait effrayante. On ne rencontrait plus sur les chemins, dans les villages, dans l'intérieur même du fort, que des spectres ambulans : beaucoup de cadavres, trouvés dans les bois ou dans les cases, obligèrent de prendre des mesures de sûreté contre l'infection. Les malheureux chefs malgaches cherchaient à vendre ou plutôt à donner leurs esclaves pour avoir de quoi satisfaire l'impérieux besoin de la faim qui les minait. On voyait donner des hommes et des femmes dans la force de l'âge pour un sac ou deux de riz, valeur de 10 à 15 francs. Les feuilles, les racines, les végétaux ne leur offraient plus une nourriture suffisante, presque tout étant dépouillé ou arraché. Ce qui mit le comble à leur misère, ce fut une excursion des Hovas, pendant l'hivernage, au mois de décembre 1830. Ils vinrent environ deux cents récolter les plantations qu'avaient faites nos malheureux Malgaches aux environs du fort. Aussitôt qu'on en fut instruit, on envoya une demi-compagnie d'infanterie aux ordres du capitaine Clémandot, une compagnie d'Africains commandée par M. Lagier, et plus de cent volontaires malgaches conduits par Robin et le sergent d'artillerie Jailler, pour arrêter les déprédations des Hovas. Connaissant la direction de la route qu'ils prenaient et le lieu de leur halte, qui était derrière le mont Chabrol, on voulut leur couper la retraite en passant par la rivière de Fondarase. Le capitaine de port Pélissier fut chargé du transport des troupes, et le débarquement s'effectua, à six heures du soir, sur la rive gauche de cette rivière. La distance était encore assez grande à parcourir : on marcha une partie de la nuit, et, après quelques heures de repos, on se remit en route avec l'espoir de surprendre les Hovas au point du jour. Tout cela avait été assez bien calculé ; mais, en arrivant, on ne trouva plus que le bivouac et des feux encore allumés. Ainsi, de cette expédition on ne retira que des fatigues et des fièvres qui emportèrent beaucoup d'hommes. Quant à tomber à l'improviste sur les Hovas, c'était difficile, à cause du nombre d'espions qu'ils entretenaient, même parmi nous; car on en arrêta quelques-uns dans l'enceinte de nos fortifications.

Malgré les approvisionnemens qu'envoyait Bourbon, malgré les distributions de biscuit, de riz et de légumes qu'on faisait aux naturels, il fut impossible d'arrêter les terribles effets de cette famine. On avait la douleur de voir des enfans arracher aux chiens et se disputer entre eux les os que l'on jetait. Les casernes étaient encombrées de ces malheureux avec qui nos soldats voulaient bien partager leurs alimens. Il n'était pas un officier qui, outre les noirs qu'il avait achetés pour les arracher à une mort certaine et prolonger l'existence de leurs anciens maîtres, n'en eut encore quelques autres venant des villages. Aussi l'humanité de chacun des employés se reconnaissait à sa gêne et au nombre de ses serviteurs.

La connaissance de leur langue m'ayant procuré de fréquentes relations avec les naturels, je connaissais à peu près tous les chefs établis à Tintingue ou habitant Sainte-Marie. Parmi ceux-ci je citerai *Maninedri* et *Bémane*, comme principales victimes de ces événemens. Le premier, officier au service des Hovas, et jouissant chez eux d'un bien-être assez grand, déserta pour se soumettre à nos institutions qui lui plaisaient mieux. Par ce dévouement il perdit tout ce qu'il possédait, et fut condamné à la peine capitale.

Le second était un vieillard aux cheveux blancs, dont l'extérieur annonçait une brillante santé et de la force morale et physique à la fois. Il vivait en patriarche, entouré de ses concitoyens et de cent esclaves qui formaient, avec un nombreux troupeau de bœufs et de vaches, le fond de sa fortune. Inquiété chaque soir par les Hovas, à l'époque où ils établissaient leur fort de la Pointe Larrée, il fut obligé d'abandonner son village et ses magasins à riz, que l'ennemi brûla. Un assez grand nombre de bœufs et d'esclaves lui furent pris. Enfin, après des pertes assez nombreuses, il se retira à Tintingue, et se servit du reste de ses ressources et de son industrie pour se tirer d'embarras. Mais les choses étant arrivées à cet excès de misère, il perdit tout; et à l'époque de l'évacuation il lui restait pour tout bien un misérable noir dans un état de maigreur qui ne lui permettait pas de rendre le moindre service à son maître.

Ce tableau était tellement hideux, que M. le capitaine Sgauzin, envoyé de Bourbon pour remplacer M. Carayon à Sainte-Marie, ne put s'empêcher de le mettre sous les yeux des autorités de Bourbon. Loin de chercher à voiler le spectacle déchirant qu'offrait à chaque pas la rencontre des cadavres dont les cases et les chemins étaient jonchés, il donna à son style la force que sa douleur lui inspirait. Ce rapport, il le faisait contre l'assentiment du commandant de Tintingue, qui, pour couvrir bien des choses, avait sans doute encore parlé dans un autre sens et su faire retomber sur ces malheureux la cause de leurs calamités. Or, la franchise de M. Sgauzin devait déplaire, et ses sages avis être rejetés. A cette époque le gouvernement de Bourbon était changé en personnes, mais voilà tout : car l'amélioration qu'on en attendait n'eut pas lieu ; et le système de coterie, soutenu par les amis du jésuitisme et de la féodalité, conserva long-temps encore son influence.

M. le commandant des forces navales s'apercevant de la mauvaise tournure que prenaient les choses, se décida à partir pour la France, après avoir expédié *la Nièvre* à son retour de Sainte-Marie, en septembre. Au milieu de vives altercations il fut décidé que *la Terpsichore* retournerait en France au mois d'octobre ; ce qui eut lieu dès l'arrivée de la frégate *la Junon* qui, envoyée en remplacement de *la Terpsichore*, apportait des troupes expéditionnaires. Le capitaine Baylet qui la commandait devait passer sur l'autre pour la ramener en France. Le commandant Gourbeyre qui se trouvait dans un cruel embarras, surtout depuis que les membres du conseil privé de Bourbon se déchargeaient sur lui des responsabilités des événemens de Madagascar, résolut de partir avec la frégate, qui mit sous voile le 13 octobre.

CHAPITRE XI.

Départ de la Terpsichore *pour la France. Arabes naufragés. Vaisseaux endommagés par le coup de vent de Bourbon; on les répare à Tintingue. Famine toujours croissante à Madagascar. M. Tourette, envoyé par le gouvernement de Bourbon à la Reine. Il n'est pas reçu. Nouvelle ambassade en mai 1831. Même succès.*

Il y avait à peine huit jours que *la Terpsichore* était en mer, lorsqu'un navire marchand arriva d'Europe portant des troupes, deux chirurgiens de la marine, six mois de rechange complet, des munitions de guerre, etc., etc. La corvette de charge *l'Oise*, qui avait amené M. le gouverneur de Bourbon, fit quelques voyages pour l'approvisionnement de Madagascar; et à l'époque de l'hivernage, chacun de ces navires s'en fut de son côté, surtout dans l'Inde, pour se garantir des coups de vent si communs alors dans les parages de l'île de France et de Bourbon, et si terribles par les pertes qu'ils font essuyer. Nous en eûmes des preuves par ceux de 1828 et 1829. Madagascar est encore avantagé sous ce rapport. Car on ne s'est ressenti de ces affreux coups de vent que par des brises assez fortes soufflant du sud-est, et la mer qui en 1829 avait dépassé de plus de dix pouces son lit ordinaire. Nous vîmes même arriver trois navires du commerce, démâtés et dans un état déplorable; deux se réparèrent complètement; le troisième ayant trop d'avaries et coulant bas, fut condamné et resta dans la rade de Tintingue où il servit de point d'amarrage.

Par suite du dernier coup de vent de 1830, nous reçûmes vers le mois de mars, de malheureux naufragés arabes dont le navire avait coulé dans la traversée de Bombay à Tamatave. Quarante-cinq se sauvèrent dans une grande chaloupe qu'ils échouèrent du côté de Manahar dans le nord de Tintingue. Ils firent une dixaine de lieues à pied pour nous demander l'hospitalité. On les recueillit avec empressement; des vivres, des ustensiles, un logement leur furent donnés; et nous nous fîmes un plaisir de prêter au capitaine ou subrécargue et à ses officiers, tout ce dont ils pouvaient avoir besoin. La fatigue et les privations avaient altéré leur santé, nos soins les remirent bientôt. Parlant un peu le malgache et logeant à côté de moi, ils vinrent souvent me voir; ce qui me procura le plaisir de m'entretenir avec eux sur leurs habitudes, leurs mœurs, leur religion. Au bout d'un mois ils s'embarquèrent sur *la Victoria*, navire anglais qui partait pour Tamatave, après avoir réparé ses avaries. Pour me donner une preuve de leur amitié, ils me demandèrent mes noms et prénoms, mettant aussi ma profession qu'ils écrivirent en arabe quand je l'eus mis en français, et me laissèrent la même chose, que de l'arabe je traduisis en français sous leur dictée.

Pour en revenir à l'état où nous avions quitté Madagascar, pendant qu'à Tintingue les malheureux Malgaches mouraient de faim, leurs compatriotes n'étaient pas moins à plaindre à Sainte-Marie. On y avait fait beaucoup de plantations, qui devinrent insuffisantes par l'accroissement de la population de cette île. Ne trouvant plus rien à manger, les naturels dévoraient tout ce qui se trouvait sur leur passage. Les troupeaux, les propriétés, tout étant gardé à main armée, ils affrontaient la mort pour satisfaire le besoin impérieux de la faim.

La corvette de guerre *l'Héroïne*, qui avait été expédiée de France pour augmenter les forces navales, et portait encore des troupes qui devaient compléter les quinze cents hommes requis, arriva peu de temps après le départ des autres navires pour l'Inde et de la frégate pour Madagascar : celle-ci avait été chargée de porter les nouvelles couleurs nationales de la France, et de les faire reconnaître sur les différens points de la côte. Le commandant de *la Junon*, étant malade, resta à Bourbon, et son second remplit cette commission importante. A son passage à Tamatave, lorsqu'il parla aux Hovas de nos projets de réconciliation, on lui dit que rien n'était plus juste; qu'on avait été en guerre, à la vérité, avec l'ancien gouvernement, mais qu'on resterait en paix avec le nouveau. Je ne sais jusqu'à quel point on compta sur ces promesses; il est cependant probable que ce fut une cause déterminante du second voyage de M. Tourette à Emirne.

Le gouvernement de Bourbon songea enfin sérieusement à entrer en traité avec la reine Ranavalo. Il se fiait sans doute aux insinuations amicales que Corollaire avait faites à M. le commandant de la division lors de leur dernière entrevue, après laquelle il le combla de cadeaux en bœufs, volailles, etc. l'assurant de son vif désir de réconciliation. On choisit pour traiter cette affaire embrouillée un homme qui possédait assez de connaissances en littérature, mais qui dirigé par son ambition plus que par le dévouement, n'offrait guère de garanties. Arrivé à Madagascar en 1828 avec M. Schœll, M. Tourette n'avait encore d'autre titre que celui de secrétaire-greffier. Mais cette place, aussi peu importante qu'utile, ne donnait pas d'assez forts émolumens. Pour le tirer d'affaire, on en fit un secrétaire-archiviste, procureur aux biens vacans, etc. Ses appointemens furent portés à quatre mille francs. Les soins de ces divers emplois, assez bornés du reste, ne l'empêchaient pas de se livrer au commerce. Un détail assez avantageux, qu'il établit à une lieue du fort Sainte-Marie, lui ayant rapporté assez d'argent par un honnête bénéfice de cent à deux cents pour cent, il se vit en état peu de temps après la mort de son protecteur, d'aller s'en créer de nouveaux à Bourbon. Son intrigue et son jésuitisme en harmonie avec certains caractères dominans de l'endroit devaient lui suffire; ce qui eut lieu effectivement. Il obtint le titre d'agent négociateur avec l'autorisation de tout faire. Décoré des riches insignes d'un des principaux administrateurs de Bourbon, il partit, comme le geai paré des plumes du paon, pour son ambassade. Il se fit accompagner d'un caporal africain, d'un interprète, de sa ménagère, descendante du chef malgache Tsasse (dont nous avons parlé en faisant mention des guerres de Foulepointe et de Tamatave en 1809). Il prit des guides dans ce dernier établissement, après s'être entendu avec Corollaire, qui lui avait conseillé d'écrire d'abord à la reine. Fatigué d'attendre, il se met en route, traverse les fameuses chaînes des montagnes *Ambolismènes*, qui coupent l'île obliquement du N. E. au S. O., et le quatorzième jour d'une marche aussi longue que pénible, arrive assez près de la capitale. Là il reçoit l'ordre de s'arrêter et d'attendre la réponse de la reine. Il part aussitôt un exprès pour annoncer l'arrivée du négociateur français, Le lendemain M. Tourette voit venir des officiers supérieurs accompagnant un fondé de pouvoirs de Ranavalo, escorté de quelques détachemens de troupes régulières. Un entretien avec la reine lui fut formellement refusé; il fit connaître alors les intentions du gouvernement de Bourbon. On lui promit de transmettre fidèlement le tout à la reine, et de lui faire parvenir une réponse le surlendemain. En effet cette réponse arriva écrite par l'officier-général et conçue à peu près en ces termes : « Tous vos papiers sont remis; la reine n'accepte pas. Mes occupations m'appelant dans l'ouest, je pars : vous pouvez en faire autant par l'est. » Trompé dans son attente, il s'en retourna « honteux comme un renard qu'une poule aurait pris. » Mais persistant toujours dans ses prétentions, ou plutôt dans ses spéculations, il détermina le gouvernement de Bourbon à l'envoyer une seconde fois. Ecrivant lettre sur lettre à la reine, il espérait cette fois arriver jusqu'à la capitale. Il partit vers le mois de mai avec des présens et une suite plus nombreuse, pour en imposer par le faste et la dignité. Comme il se défiait à juste titre de Corollaire, il eut avec lui le moins de rapports possible. Son voyage fut aussi pénible que le premier; il comptait bien en retirer un autre résultat. Mais en route il commença par attraper des dartres et la gale; arrivé au pied de la montagne où se trouve assise la ville, il fut reçu encore par un chargé d'affaires escorté d'hommes armés; celui-ci prit les papiers sans les cadeaux. La demande d'une entrevue avec Ranavalo fut vaine; à peine daigna-t-elle répondre à la proposition du gouvernement. M. Tourette, qui l'avait inspirée, avait écrit qu'on rendrait Tintingue moyennant mille bœufs à vingt-cinq francs, et du riz à cinq francs le cent. Le pauvre ambassadeur en fut pour sa honte.

L'idée de rendre une place achetée par le sang de tant de Français, et de la rendre pour des vivres, ne pouvait sortir que d'un cerveau mercantile. Mais M. Tourette était un de ces hommes pour qui tous les moyens de parvenir à la fortune et aux places sont bons; sauf réussite, il retira de ces deux voyages un gain de six mille francs économisés sur la somme allouée aux frais de route. Voilà où passaient les fonds. Je le répète encore cette fois, si MM. les administrateurs étaient plus responsables, il y aurait moins d'abus, partant plus d'économie.

CHAPITRE XII.

Départ de tous les navires de guerre. L'évacuation de Tintingue est arrêtée. L'Infatigable, l'Héroïne et le transport le Madagascar restent pour cette opération. Annonce d'un corps de Hovas ; leur parlementaire. Robin est employé de nouveau. Mésintelligence entre les commandans de terre et de mer. M. Picard cède le premier rang : sa conduite franche et loyale.

Au mois de mars 1831, *le Madagascar*, qui n'avait cessé de faire les voyages de Tintingue à Bourbon, apporta la nouvelle du départ de tous les navires de la division pour la France, excepté *l'Héroïne* et *l'Infatigable*, qui étaient destinés à l'évacuation de Tintingue. On avait aussi renvoyé en France toutes les troupes expéditionnaires, et on devait, trois mois après, enlever tout ce qu'il y avait d'Européens à Madagascar. On profita du départ de ce même navire pour renvoyer à Bourbon tout le personnel incapable de porter les armes ; il ne restait plus dans le fort que deux demi-compagnies d'artillerie, une demi d'infanterie, un détachement d'ouvriers d'artillerie et cent cinquante hommes de troupes noires. Les Hovas n'ayant pas cessé leurs hostilités et tuant nos partisans, nous ne pouvions prendre trop de mesures de sûreté. Les naturels cachaient mal leur mécontentement de notre trop grande douceur pour les espions qu'on ne condamnait qu'à la prison et qu'on relâchait après. En ayant eux-mêmes arrêté un, ils l'amenèrent devant le commandant, et l'accusèrent d'avoir tué dans le bois un homme et une femme et blessé plusieurs autres personnes. On le leur abandonna : la rage dans le cœur pour les maux que leur causaient tous les siens, ils le livrèrent aux femmes et aux enfans, qui, à coups de pierre et de bâton, lui firent éprouver le plus horrible supplice. Afin d'exercer plus long-temps leur cruauté, ils lui donnèrent à boire et à manger. Le lendemain matin, les hommes vinrent achever l'acte de barbarie de la veille, mais d'une manière moins affreuse. Après lui avoir reproché les traitemens hostiles des Hovas, ils pointèrent sur lui leurs sagaies : l'espion tomba au même instant percé de toutes parts.

L'Infatigable n'étant pas encore revenu de l'Inde, la corvette *l'Héroïne*, commandée par M. Picard, vint à Tintingue dans les premiers jours de juin. D'après les instructions du gouverneur de Bourbon, on devait évacuer au plus vite : il ne faisait pas connaître d'une manière précise si on laisserait exister le fort ou s'il serait détruit de fond en comble. Cette dernière idée semblait être la meilleure. Avant de commencer les travaux, le commandant Picard s'entendit avec M. Carayon, et demanda la réunion du conseil d'administration. Il fut décidé en plein conseil que le fort serait détruit de manière à ne laisser à nos ennemis aucune trace du plan. Ce qu'il y a de remarquable dans cette affaire, c'est que M. Tourette, qui n'était ni chef de service, ni membre du conseil, fut convoqué, et qu'après avoir proposé par écrit de livrer le fort, moyennant la rétribution de mille bœufs, il soit venu donner son avis sur cette destruction. Ici, une grande discussion s'éleva. M. le capitaine Picard, en raison de la supériorité de son grade, avait cru pouvoir donner des ordres à M. Carayon; mais leur service étant indépendant, celui-ci les méconnut. Cependant tant qu'il y eut des choses à faire, travaux de transport, fortifications en cas d'attaque, les avis du capitaine de frégate furent reçus et suivis par le capitaine d'artillerie, et les travaux commencèrent. Tout le matériel d'encombrement ou de démolition de quelques établissemens était déjà embarqué et parti à Sainte-Marie sur *le Madagascar* et la corvette, lorsqu'on vint nous annoncer qu'un corps nombreux de Hovas s'avançait de Foulepointe sur Tintingue. M. Carayon fit aussitôt prévenir le commandant, en envoyant dans la nuit même une embarcation qui arriva le lendemain de très-grand matin à Sainte-Marie: la plus active surveillance fut exercée de tous côtés. La corvette ne se fit pas attendre; elle déchargea à la hâte tout ce qu'elle portait, et prit en échange de son matériel une partie du détachement européen qui se trouvait à Sainte-Marie et cinquante hommes de la compagnie malgache. A trois heures de l'après-midi, la corvette était embossée en avant du fort et les troupes mises à terre. La garnison fut aussi augmentée pendant la nuit par cent des meilleurs hommes de l'équipage de la corvette, qui avaient à leur tête le second du bord, un lieutenant de frégate et deux élèves de première classe de la marine.

On envoya à Sainte-Marie, par la petite goëlette de l'établissement *le Mahompas*, tout le personnel incapable de porter les armes ; les naturels se retirèrent de tous les environs entre le poste avancé et le fort. Ce poste, qui jusqu'alors n'avait été gardé que par quelques hommes et un sous-officier, reçut un détachement d'une quinzaine d'hommes. Le nombre des officiers n'était pas assez grand pour suffire à la surveillance qu'exigeait ce point. Des patrouilles faites toutes les nuits par des officiers donnaient une pleine sécurité. On fit entrer dans le fort tous les naturels munis de fusils ; on arma les traitans, les employés, quels qu'ils fussent, enfin tous ceux qui habitaient Tintingue ; on garnit de planches très-fortes les endroits des remparts qui laissaient les soldats trop à découvert. Quand on eut assigné à chacun son poste, on s'assura de la promptitude de ces militaires improvisés à prendre les armes par des alertes de jour et de nuit et par la générale. Tout avait été ainsi disposé le jour même et pendant une partie de la nuit, lorsque des feux nombreux signalèrent la présence de l'ennemi à une lieue au plus de l'autre côté de la baie, sur les montagnes qui sont en arrière et sur la gauche du mont Chabrol. Leur position était avantageuse. Dominant le fort, ils pouvaient voir ce qui se passait dans son intérieur, puisque nous-mêmes, à l'aide de longues vues, distinguions parfaitement leurs travaux de défrichement et l'installation de leurs tentes. Leur camp, fort étendu, occupait toute une montagne, et, paraissant se prolonger en arrière, devait bien contenir trois mille hommes, nombre annoncé par les naturels.

Nous continuâmes de transporter le reste du matériel sur *le Madagascar*, et d'embarquer le personnel malgache sur la goëlette *le Mahompas*. Malgré les pertes considérables de ces malheureux, que les chefs portaient à deux mille, il en restait encore près de quinze cents qui passèrent à Sainte-Marie.

Il y avait déjà plusieurs jours qu'on travaillait de part et d'autre, lorsque l'on annonça l'arrivée de trois Hovas armés. On fit dire au poste avancé de se tenir sur la défensive; mais, dans le cas où ils ne feraient aucune démonstration hostile, de les laisser avancer jusqu'à la porte. Tous trois étaient habillés de blanc, à la mode du pays, et armés seulement d'une longue sagaie. Quand ils furent à la porte, un de nos soldats malgaches leur demanda ce qu'ils voulaient : l'un d'eux, qui paraissait être le chef, dit qu'il avait une lettre à remettre au commandant de l'établissement. Le chef du poste la prit et la donna à un soldat pour la porter à sa destination et attendre la réponse. M. Carayon, qui n'entendait ni l'anglais ni le hova (car ce peuple écrit assez souvent dans les deux langues en même temps), fut obligé de recourir à Robin. Or, depuis une vive discussion en plein conseil, où l'ex-maréchal défendait les Malgaches, traités de vagabonds, on l'avait tenu à l'écart : rappeler qu'on devait des égards aux naturels de notre parti avait semblé un crime, et lui avait attiré un démenti. En cette occasion il se montra aussi généreux, aussi empressé qu'autrefois. La lettre qu'il interpréta était du colonel *Ranilahina*, qui sollicitait une entrevue pour remettre des papiers de la reine. Il demandait aussi qu'on lui permît de se faire escorter par ses officiers et soixante hommes de ses troupes. Sur la proposition du commandant Picard, le conseil délibéra qu'il serait reçu le lendemain, à dix heures du matin, à bord de la corvette; mais qu'il ne pourrait avoir plus de vingt-cinq hommes et ses officiers, lesquels seraient pris à terre par des embarcations mises à ses ordres.

Ici, une discussion inconvenante et intempestive s'éleva entre MM. Picard et Carayon, relative encore au commandement. Le premier s'étayait de la supériorité de son grade, l'autre de ses instructions particulières. L'officier de marine réclamait l'autorité des ordonnances, et demandait la décision du conseil assemblé. Malgré l'inimitié que s'était attirée M. Carayon de la part de tous les employés, aucun d'eux ne se laissa guider par un sentiment particulier : après avoir consulté les réglemens, on décida que M. Picard ne pourrait avoir à terre l'autorité supérieure. La chose se serait assez bien passée, si M. Tourette, étranger au conseil, n'eût pris fait et cause pour M. Carayon, son acolyte. L'esprit de coterie remplaça le droit et l'ordre, et la scène la plus inconvenante en fut le résultat. M. Picard, ainsi qu'il l'avait promis, rentra, par suite de la délibération du conseil, dans ses simples attributions de commandant de sa corvette, et les choses n'éprouvèrent pas la moindre entrave dans leur cours. Il sacrifia son amour-propre au bien général, sorte de sacrifice qu'on devrait apprécier plus qu'on ne le fait. Si l'on eût pu choisir entre le chef pusillanime de l'établissement et cet officier supérieur, dont l'activité et l'amour étaient ne sûre garantie du succès des événemens, le choix n'eût pas été douteux. Mais il existe des lois qu'il faut suivre; leur force est dans le respect qu'on leur porte.

CHAPITRE XIII.

Arrivée des Hovas. Débats d'intérêts, esprit astucieux de l'ennemi. On ne résoud rien. Excursion de deux élèves de marine dans le camp des Hovas. Incendie du fort et de tous les bâtimens. Triste spectacle pendant la nuit. Départ de la rade de Tintingue, arrivée à Sainte Marie. Départ pour l'île Bourbon.

Au jour indiqué, le conseil d'administration de Tintingue se rendit à bord de la corvette pour y recevoir l'ambassade et discuter les intérêts de la France. Les embarcations attendaient en vain depuis longtemps sur les bords du Mahompas, lorsqu'on aperçut au fond de la baie, vis-à-vis le fort, un groupe qui attendait sur le rivage. On fit le signal aux embarcations de se diriger vers ce point, où elles prirent en effet l'envoyé et son cortège. Il était déjà près de midi quand elles approchèrent de la corvette, qui les salua de neuf coups de canon. Nous vîmes monter à bord le colonel Ranilahina, accompagné du major Dianconts, celui qui commandait en second le fort de la Pointe Larrée, et de quatre autres dont les noms m'ont échappé. Tous ces messieurs étaient armés et revêtus de leurs insignes d'officiers supérieurs. Les officiers subalternes étaient en seimbouts blancs, mais armés de sabres assez beaux. Enfin, l'escorte se composait de vingt-cinq à trente hommes, dont un tambour. Quelques-uns avaient d'assez mauvais fusils et les autres des sagaies. Lorsqu'ils furent sur le pont, le tambour battant le rappel et la garde étant sous les armes, ils firent aussi leurs évolutions, et marchèrent au pas ordinaire sur deux rangs au bruit de leur tambour, depuis l'échelle jusque sur l'arrière du navire ; arrivés là, ils firent front de manière à se trouver en face de nos marins ; ils portèrent les armes, les reposèrent et terminèrent par le repos sur place. Le commandant engagea ces messieurs, et le conseil d'administration, à descendre dans sa chambre. Les matelots, pour qui ce spectacle était tout-à-fait nouveau, s'approchèrent alors et cherchèrent à se faire comprendre. Leur bonté naturelle les porta de suite à offrir aux Hovas du biscuit, une partie de leur dîner et même de leur vin. Quelques alimens furent acceptés, mais on refusa le vin ; car leurs lois punissent très-sévèrement, par fois même de mort, l'ivrognerie chez le soldat, surtout quand il est de service et en présence de l'ennemi.

Pendant que sur le pont les matelots contemplaient à loisir ces troupes d'une espèce nouvelle, ce qui les amusait beaucoup, en bas on s'occupait de choses plus sérieuses. Il est bon, je crois, de faire connaître la formation du conseil. M. le commandant de la corvette céda l'honneur de la présidence au commandant de l'établissement ; les autres membres étaient le commandant de la place, le médecin en chef, le directeur d'artillerie, le commandant des compagnies noires, un sergent d'artillerie de terre, faisant les fonctions de secrétaire, l'agent de colonisation Robin et M. Tourette, que M. Picard convoqua, malgré la vive altercation qu'ils avaient eue. Les officiers Hovas furent placés entre les membres du conseil et entourés des officiers subalternes qui se tenaient debout avec leur interprète, devenu inutile par la présence de Robin. La séance s'ouvrit par la déclaration d'une lettre et d'autres papiers dont Ranilahina était porteur. La lettre seule fut donnée ouverte et lue par Robin. Ce qui surprit d'abord, ce fut l'adresse qui était pour le général Rakéli à Foulepointe.—Comment, dit-on au colonel, se fait-il que vous soyez porteur d'une lettre adressée à Rakéli ? il en a donc pris connaissance ? ou bien devait-il nous la remettre ?—Il est vrai, répondit Ranilahina, que l'adresse est au général; mais il n'a pas lu cette lettre que je devais seulement lui présenter en lui transmettant les ordres de la reine.—Mais pourquoi êtes-vous passé par Foulepointe pour venir ici ?—J'avais des ordres à communiquer.

Il fut impossible, quoiqu'on fît, de découvrir au juste la vérité par le colonel; mais j'avais appris d'autre part, et d'une manière à peu près certaine, que Rakéli ayant reçu ordre de monter pour subir un jugement sur la conduite qu'il avait tenue à Foulepointe après la bataille, en faisant piller tout ce qui appartenait aux traitans et aux Malgaches, il proposa à la reine, pour rentrer en grâce, de faire évacuer Tintingue aux Français; que, si elle acceptait ses offres, elle n'avait qu'à lui envoyer trois mille hommes; qu'il répondait du succès sur sa tête. Craignant que son nom compromît l'affaire, il ne voulut point paraître et se contenta d'occuper les derrières de l'armée. Un cas de refus formel l'eût forcé à se montrer; mais instruit par Maurice de nos dispositions, il ne courait aucune chance désavantageuse.

La lettre ne contenait autre chose qu'une protestation nouvelle contre notre présence à Tintingue, et une invitation formelle de l'évacuer sans conditions. Cependant avoir eu le dessus par la force des armes, et obtempérer ainsi à cet ordre, c'eût été compromettre aux yeux des nations l'honneur de notre pavillon. Il fallut donc soutenir nos prétentions jusqu'à la fin; et loin d'obéir, commander nous-mêmes. Tel fut le sujet d'une séance à huis clos du conseil d'administration. Après on demanda à Ranilahina quels étaient les autres papiers dont il se disait porteur, et s'il voulait en donner connaissance; il s'y refusa formellement, en alléguant que c'étaient des ordres particuliers qu'il nous montrerait si nous acceptions les conditions de la reine. On pensa que ce n'était rien moins qu'une reconnaissance de la souveraineté de Ranavalo sur tout Madagascar. On refusa à l'unanimité de rien promettre en fait de concessions; seulement, on voulait traiter d'une manière convenable, et dans ce cas on l'engageait à ratifier par sa signature et celle de ses officiers les conditions de paix que nous allions proposer. Il répondit qu'il ne pouvait rien prendre sur lui; que seulement porteur et interprète des volontés de la reine, il était hors de ses attributions de ratifier un traité par sa signature.—Alors, répliqua le commandant Picard, si ce n'est pas la paix que vous venez chercher, c'est donc la guerre que vous nous déclarez de nouveau? Eh bien, soit; et je demande l'avis de messieurs les membres du conseil d'administration. Si c'est la guerre, parlez! dit-il d'un ton énergique. Nous avions commencé l'évacuation par ordre de notre gouvernement; eh bien, dès à présent nous allons suspendre nos travaux et nous vous attendrons. Vous êtes nombreux, n'importe. Nous pourrions vous laisser entrer dans le fort, mais ce serait pour ne plus en sortir. Telles sont nos dispositions, voyez si elles vous conviennent. — Le conseil approuva; et les chefs Hovas surpris, demandèrent à notre exemple une délibération à huis-clos. Ils passèrent tous dans la galerie du commandant, où ils restèrent assez long-temps. De notre côté nous arrêtâmes les conditions du traité dont on leur donna lecture plus tard.

Le conciliabule fini, Ranilahina prit la parole en ces termes: Je ne puis, Messieurs, comme je vous l'ai dit, prendre rien sur moi; je ne puis rien arrêter. Je ne viens pas non plus ni pour déclarer la guerre ni pour la faire; mais pour vous transmettre les volontés de la reine et occuper Tintingue après votre départ. Cependant, cette occupation ne devant pas avoir lieu de suite, je me charge de transmettre fidèlement à la reine, les papiers que vous voudrez bien me donner, et de lui faire connaître le résultat de notre entrevue. »

— « Eh bien, lui dit-on, voici nos conditions. Nous allons évacuer Tintingue, non parce qu'elle l'exige, mais parce que le roi des Français l'ordonne. Nous ne renonçons pas à nos droits sur toutes nos anciennes possessions. Nous demandons, en outre, la liberté du commerce entre nos îles et Madagascar; des indemnités et des garanties pour les traitans qui ont fixé leur domicile sur la côte, et qui par les guerres ont éprouvé tant de pertes; la rentrée en grâce de tout Malgache de notre parti, la restitution de leurs droits et biens, enfin, une pleine sécurité pour eux dans l'intérieur. »

Ici, l'objection suivante fut faite : « La reine, dit Ranilahina, n'en veut pas aux Malgaches vos partisans; seulement elle a fait poursuivre comme des bêtes sauvages et dangereuses, les hommes qui lui voulaient du mal et cherchaient à la détrôner. Du reste, je ne puis là-dessus rien vous promettre : elle seule décidera de leur sort. »

— « En conséquence, dit le commandant, nous arrêtons qu'il n'y a rien de fait; nous allons vous donner par écrit nos volontés pour la reine, et resterons tels que nous étions à votre arrivée. Point de paix reconnue : la guerre, si vous voulez. »

Pendant qu'on s'occupait de rédiger la séance et

les propositions, les Hovas demandèrent à voir l'intérieur du fort : ce qu'on leur refusa en leur faisant observer que si le traité de paix eût été signé, on n'eût pas attendu leur demande. M. Tourette dit aussi, que Corollaire, à Tamatave, lui avait refusé la même demande, bien qu'il ne fût pas militaire, mais qu'il fût venu pour une mission toute pacifique. Il profita de cette circonstance pour leur demander s'ils n'avaient pas eu connaissance des lettres envoyées à la reine, sans réponse de sa part. Sur leur réplique négative, il affirma savoir de bonne source que ce général avait intercepté beaucoup de papiers, et causé la mésintelligence qui régnait entre les deux gouvernemens. Etonnés de cette nouvelle, ils demandèrent si on voudrait leur en donner des preuves, afin de dessiller les yeux de Ranavalo ; que ce serait un service à lui rendre, et qu'alors Corollaire pourrait payer cher sa fourberie. On leur dit que ces instructions parviendraient à leur destination par des voies sûres. Leur incrédulité et leur indignation à la fois étaient telles, qu'ils firent des questions sans nombre sur ce qu'ils venaient d'entendre, et qu'ils voulaient absolument qu'on leur confiât le soin d'en instruire la reine, mais ce fut en vain.

Après cet entretien qui fut assez long, le commandant Picard fit apporter des gâteaux avec des vins et des liqueurs. Ils ne prirent que des choses très-douces et modérément, s'observant beaucoup; cette naïveté échappa à l'un d'eux : qu'il leur était expressément défendu par les lois de se déranger l'esprit, et qu'en ce moment ce serait impardonnable.

Le major Diancourt prit ensuite la parole, pour demander des nouvelles des prisonniers et prisonnières qu'il ignorait être rendus à leur pays, et particulièrement d'une jeune et jolie femme. On fut très-embarrassé, sachant que c'était la sienne qui avait le bas du visage emporté par un biscayen ou un éclat d'obus dans l'affaire de la Pointe-Larrée. On lui dit qu'on la croyait repartie pour l'intérieur, il paraissait l'aimer beaucoup et concevoir de vives inquiétudes de son absence.

Lorsque les pièces furent terminées, on en fit la lecture; on les cacheta, et on les remit au colonel Ranilahina. La séance étant levée, on monta sur le pont où l'équipage était en ordre et la garde assemblée sur l'arrière à gauche; les Hovas sur deux rangs à droite. Après quelques instans d'entretien, soit en hova avec Robin, soit en anglais avec les officiers du bord (car plusieurs de ces jeunes officiers supérieurs parlaient fort bien cette langue), les envoyés s'embarquèrent pour retourner dans leur camp. Pendant tout le temps qu'ils mirent à s'embarquer, le tambour battit le rappel, le leur en fit autant à la tête du détachement qui porta les armes et défila au pas ordinaire jusqu'à l'échelle. Rien n'était singulier comme ce tambour : c'était un jeune noir, grand et sec, qui avait pendu à son cou par le moyen d'une corde une petite caisse en bois, dans le genre de celles qu'on donne aux enfans pour s'amuser. Il frappait dessus d'un air très-grave de façon que chaque coup marquât un pas. A ce spectacle, l'équipage de la corvette, qui avait fait tous ses efforts pour ne pas rire, ne put y tenir et s'amusa long-temps, en pensant aux troupes Hovas. On salua l'ambassade de neuf coups de canon, pendant lesquels les embarcations levèrent rame, et les officiers hovas répondirent en agitant leur chapeau en l'air.

Ce qui surprit désagréablement les officiers qui avaient connu M. Schœll, c'est qu'un de ces hommes portait les épaulettes du malheureux commandant.

Avant le départ pour l'entrevue, j'avais laissé chez moi quelques chefs malgaches, entre autres *Bémone* et *Manindrie*, qui étaient venus me questionner sur les motifs de l'arrivée des Hovas et sur le résultat futur de notre réunion. Je les tranquillisai en leur assurant que nous défendrions leurs intérêts, et saurions obtenir la paix ou une trêve. — «C'est très-bien, nous dirent-ils; car autrement, comment pourriez-vous partir en nous abandonnant à la fureur de nos ennemis, quand nous sommes venus faire cause commune avec vous, et que les circonstances nous ont plongés dans la plus profonde misère? Si vous voulez le permettre, nous vous attendrons ici pour connaître le résultat de l'ambassade. »

Dès que je fus arrivé, ils s'empressèrent de me questionner; et quand ils surent tout ce que nous avions demandé pour eux, enchantés, touchés, ils me comblèrent de remerciemens, et s'empressèrent d'aller répandre dans le village cette bonne nouvelle.

Quelques-uns des élèves qui commandaient les embarcations parlant anglais, deux furent engagés par le colonel à le venir voir; ils promirent de se rendre à cette invitation.

Le lendemain n'étant pas de service, ils louèrent une pirogue à un noir, qui les conduisit à un lieu où ils avaient déposé la veille les officiers hovas. Ce même noir leur servit de guide dans les marais et les mauvais chemins qu'ils avaient à parcourir. Enfin ils parvinrent non sans difficultés à un poste avancé. A la vue de leurs armes (l'un avait un sabre, l'autre un fusil), la sentinelle leur défendit d'approcher, et leur demanda ce qu'ils voulaient. « Voir le colonel Ranilahina, » répondirent-ils. Le soldat alla aussitôt prévenir une seconde sentinelle, celle-ci une troisième; enfin l'officier averti vint reconnaître les étrangers, et après envoya annoncer cette arrivée au colonel, qui donna l'ordre de les laisser monter. Une escorte de quelques hommes les conduisit jusqu'à l'entrée du village que les Hovas avaient formé sur un assez beau plateau; là ils furent reçus par une autre escorte qui les accompagna jusqu'à la demeure du colonel. Celui-ci en les voyant entrer, voulut voir s'ils s'intimideraient et leur demanda : « Ne craignez-vous rien en pénétrant ainsi au milieu de vos ennemis? » — «Non, dirent-ils; invités par vous, nous avons compté sur votre parole. Attaqués, nous nous fussions défendus jusqu'à la dernière extrémité; nos camarades qui sont là-bas nous auraient vengés. Ainsi notre vie est entre vos mains; mais prenez garde d'en abuser. » Il se mit à rire, et les engagea à se rafraîchir. Bientôt d'autres officiers arrivèrent, et une conversation générale s'engagea. Elle roula particulièrement sur l'industrie, les mœurs et la puissance des diverses nations. Les élèves firent quelques questions sur le peuple hova, les moyens que Radama avait employés pour constituer sa peuplade en royaume; ils donnèrent à sentir peut-être avec trop de légèreté que les Hovas devaient cette influence aux Européens, et qu'ils étaient encore sous la domination anglaise. Piqués de cette observation, Ranilahina et ses collègues répliquèrent que ce vasselage n'était pas étonnant, quand nous étions nous-mêmes sous la domination de la Grande-Bretagne. « Car, dirent-ils, nous savons très-bien qu'avec votre apparence de force par vos vaisseaux, vos soldats et vos armes, vous n'êtes pas moins tributaires de tout cela à l'Angleterre; si ce n'est pas elle qui vous les fournit, du moins elle vous les souffre pour vous les reprendre plus tard. Il en est de toutes ces choses comme des différens pays que vous possédiez et qu'ils vous ont pris, tels que le Cap, l'Ile-de-France, l'Inde, etc. Ce qui le prouve, c'est qu'à la paix ils ont bien voulu vous rendre Bourbon et quelques petits endroits sur la côte malabare et sur le Gange, en conservant les principaux. Ainsi ne nous reprochez pas d'être sous leur domination. En outre, ce qui prouve encore leur supériorité sur vous, c'est que partout ils ont des agens riches et influens par les services qu'ils rendent, tandis que les vôtres sont misérables comparativement. » — « On pourrait, répliquèrent les élèves, réfuter ce que vous venez d'avancer par une foule de faits tous plus évidens les uns que les autres, tels que la différence dans la forme de nos armes, dans la construction de nos navires; et si les rétributions des employés du gouvernement sont moins fortes, il a du moins la satisfaction de n'être pas grevé de dettes, et d'être servi par des gens qui rendent leurs places honorables par leur désintéressement, au lieu de les rendre ridicules en en faisant des objets de spéculation; car chez nous les places et les honneurs ne s'achètent pas : on les gagne. »

Au sortir de ce grave entretien, Ranilahina et quelques-uns des officiers présentèrent les élèves à leurs femmes; puis, tous sortirent pour se promener dans l'enceinte du camp. On était occupé à construire des cases en feuilles de palmier pour remplacer les tentes qui existaient encore. Tout autour du camp, il y avait de distance en distance, des postes avancés. En se promenant, les officiers Hovas demandèrent aux élèves s'il ne serait pas possible d'avoir dans l'île des femmes Européennes; que pour voir ce désir accompli, ils donneraient tout ce qu'ils possédaient. Les élèves répondirent que ce n'était pas chose facile; si nous étions établis chez eux, quelques femmes pourraient avoir ce caprice; mais qu'elles ne feraient pas trois mille cinq cents lieues pour cohabiter avec un Hova; enfin, que notre usage était d'être lié pour la vie à la femme de notre choix, et qu'on ne pouvait en avoir d'autres légitimement reconnues.

Quand ils eurent parcouru à peu près toute l'enceinte du camp, hors la partie sud de la montagne où il semblait se prolonger, les deux français furent reconduits du côté de la route par laquelle ils étaient arrivés. On leur donna une escorte de quelques hommes, et quand ils mirent le pied dans leur pirogue, ils furent salués de neuf coups de fusils. De retour de cette entrevue ils s'empressèrent, au risque d'être punis pour s'être ainsi exposés sans autorisation, de tout raconter au commandant et aux officiers en faisant connaître l'ascendant des anglais sur les Hovas; ils n'avaient cependant qu'à se louer de l'accueil des officiers ennemis. Après une petite semonce de rigueur, le commandant les remercia des détails que M. Maisonneuve surtout, qui parlait très-bien anglais et avait soutenu la conversation, lui communiqua.

Les travaux d'évacuation marchaient avec une rapidité étonnante par le moyen du Madagascar seulement, lorsque le 4 on reçut l'ordre de tout embarquer, personnel et matériel. Il ne restait plus que les canons du front d'attaque, au nombre de huit. Dans la journée du 5, on les embarqua; on détruisit aussi les clayonnages, ce qui combla les fossés par la chute des murs formés de sable et de gazon. On coupa la majeure partie des palissades; enfin, on distribua tout le monde, de manière à incendier dans la soirée et en peu de temps ce qui restait. En effet, après le souper de l'équipage, on descendit cent cinquante hommes, dont vingt-cinq armés étaient en védettes à l'ancien poste avancé qui avait été incendié la veille, ainsi que le village des naturels. Le reste fut distribué aux quatre coins du fort, à l'hôpital, à la demeure du commandant, à la poudrière, dans les magasins, les casernes, aux chantiers de construction et à deux navires, *l'Anna* et *le Magallon* qui étaient à moitié coulés. Là, chaque chef ayant avec lui un nombre déterminé de soldats, fit mettre le feu à l'endroit où il avait servi avec zèle et fidélité pendant deux ans.....

Au signal donné qui était un coup de fusil tiré au milieu du fort, on vit les flammes s'élever de toutes parts et dévorer tout sur leur passage. Le feu dura toute la nuit, et les Hovas purent du haut de leurs montagnes, contempler à loisir cette belle horreur. Comme il restait encore des naturels, on les fit mettre dans les embarcations de la corvette; et on sauva entre autres, une femme et un enfant qui gisaient mourans dans une case, et seraient devenus la proie des flammes sans les attentions bienveillantes du commandant. Ici, nous devons encore des éloges à cet officier sur les excellentes qualités de son cœur. Il surveilla lui-même le transport de ces malheureux, les fit placer dans sa chambre et les remit aux soins de M. Arnoux, chirurgien-major de sa corvette.

L'enfant mourut bientôt. La femme, dont les organes étaient plus forts, se rétablit en peu de jours.

Le 6 au matin, une commission composée des chefs de service de l'établissement et de quelques officiers de la frégate, se rendit sur les lieux pour s'assurer que tout était détruit. Un procès-verbal en fut adressé au commandant. Vers les huit heures on mit sous voiles, M. Pélissier, capitaine du port de Tintingue pilotant la corvette, et ayant travaillé les jours précédens à enlever ou détruire tout ce qui pouvait laisser des indices sur les passes pour entrer dans le port.

Telle fut la fin tragique d'un établissement qui prospérait déjà, qui devait nous garantir le succès de nos entreprises, et dont l'existence ne pouvait résister aux fausses menées de Bourbon, ni s'appuyer sur la France, troublée en ce moment par les ordonnances d'un monarque...... Il est en exil, ne disons rien.

Le même jour 6, nous arrivâmes à Sainte-Marie. Pendant les huit jours que nous y passâmes, on s'occupa de régler la comptabilité entre Sainte-Marie et Tintingue. Le commandant des établissemens remit à M. le capitaine d'artillerie de marine Sgauzin, commandant Sainte-Marie, toutes les pièces en règle au nom de son gouvernement. Ce fut alors qu'on put voir des gachis administratifs inexplicables, des rapports mensongers, des délations par lesquelles cet individu chercha à se faire valoir en rabaissant tous ses subordonnés. *L'Infatigable* fut obligé d'attendre quinze jours cette reddition de compte, qui eut lieu *grosso modo*. Ce M. Sgauzin s'était rendu indigne de nous. Ce qu'il y eut de plus fort, ce fut de trouver une délation contre l'officier auquel il rendait le commandement : une seule fois il l'avait vu, et un mois tout au plus après son arrivée ! Ce capitaine plus généreux que son prédécesseur, se contenta de mépriser de pareils écrits. M. Carayon et tous ses officiers demandèrent à passer à bord de *l'Infatigable*, afin de ne pas se trouver en rapport avec le commandant de la corvette. Pour leur être agréable autant que pour sa propre tranquillité, il y consentit.

La position de Sainte-Marie devenait fort embarrassante par un accroissement de population d'au moins quinze cents âmes. On prit des mesures en conséquence. Mais ce qui est inconcevable, c'est que le gouvernement de Bourbon qui avait prévu que chaque officier de Madagascar, ayant un personnel plus ou moins considérable en domestiques, désirerait en emmener, envoya au commandant de la corvette une défense écrite et formelle, d'embarquer des noirs sous aucun prétexte. On fut donc obligé de laisser exposés à mourir de faim des malheureux, qui, par attachement, nous eussent suivis à titre de libres; la demande de faire pour eux tous les frais de voyage échoua comme le reste. Nous laissâmes, en partant le 14 juillet, ces pauvres noirs dans la plus triste position.

Pour mettre le comble à la calamité publique, on mit de côté les employés qui avaient servi avec zèle le gouvernement colonial. Ainsi Robin, après avoir perdu plus de 40,000 francs, M. Duroc qui était directeur de l'hopital de Tintingue, et bien d'autres dignes d'un meilleur sort, se trouvèrent sans places et sans ressources, ayant tout perdu dans cette guerre désastreuse et n'ayant pas même l'espoir de se voir indemnisés.

Après une traversée de treize jours, nous arrivâmes en rade de Saint-Denis-Bourbon, où nous mouillâmes le 27 au matin. Le même jour on nous mit à terre. On s'occupa ensuite du débarquement du matériel, artillerie, bois de construction pour affûts de place, de côte, etc. On fut émerveillé de la qualité et des énormes dimensions des pièces de bois qu'avait apportées la corvette, et qui n'étaient encore que très-ordinaires. Car il existait sur la plage du port, des pièces d'une dimension en épaisseur et d'une longueur admirable, dont une avait été coupée pour faire une basse vergue d'une seule pièce à la frégate *la Junon*. Elle avait près de cent pieds de long sur trente à trente-six pouces de diamètre et sans difformité. Mais, n'ayant pas à bord des navires assez d'emplacement pour loger tout ce bois, on fut obligé de le brûler.

Peu de temps après notre arrivée à Bourbon, nous apprîmes que le commandant Picard avait été réprimandé par le gouverneur pour avoir fait brûler le fort. Mais en pareille circonstance, à quel parti s'arrêter ? devait-on laisser la place intacte à l'ennemi qui était en présence et attendait l'instant pour s'y installer ? Etait-ce encore une chicane suscitée par l'esprit infernal de son antagoniste Carayon et transmise par l'administrateur Rodier, son ami, digne émule des Desbassins et des Frion, membres du conseil privé sous le gouvernement déchu ?

Quelque temps avant notre départ pour la France, arriva une lettre de la reine des Hovas, adressée à M. Tourette qui était encore à Sainte-Marie. M. Dalmas, contrôleur de la marine, faisant fonctions de directeur de l'intérieur, m'ayant connu à Rochefort et sachant que je parlais Malgache, me pria d'interpréter cette missive royale. Comme je ne connaissais pas la langue Hova, je lui demandai un noir du gouvernement, qui sachant le Hova, pût me transmettre les idées en *Betsmisarai*. Il finit par en trouver un, avec qui je traduisis ainsi :

(La date ignorée.)

Moi Ranavalo, reine,

J'ai reçu votre lettre en date du . . . Je n'en ai pas très-bien compris le contenu. Cependant, j'ai cru voir que vous me proposiez de me rendre Tintingue moyennant mille bœufs et cinq cents milliers de riz à une piastre le cent. Tintingue est ma propriété ; je puis en disposer comme bon me semble. Je puis le donner, mais je n'achète rien.

Telles sont mes volontés.
Ranavalo.

On vit jusqu'à la fin quelles étaient les intentions de la reine, combien était grande l'influence qui la guidait et combien il était difficile de revenir sur ce qu'on venait de faire. A la même époque, nous apprîmes qu'Andimiase, le premier ministre de la reine, ce chaud sectateur des Anglais, avait été assassiné sans qu'il fût possible d'en savoir la cause. Il n'avait pourtant cessé de servir la reine avec zèle comme amant et comme ministre.

Les autorités de Bourbon poussèrent l'incrédulité jusqu'à douter des pertes de notre personnel noir, jusqu'à les contester même à ceux qui avaient vu. Réparer le mal, envoyer des vivres aux malheureux que la famine menaçait à Sainte-Marie, cela était trop simple et trop humain ; c'est une chose à laquelle un bon gouvernement colonial pense en dernier, mais on se disposa à expédier encore pour Sainte-Marie deux cent cinquante noirs de différentes races. Tout ce qu'on put dire contre ces dispositions déraisonnables s'adressa à des sourds ; et l'envoi des nègres dut être fait par le brick *le Lézard*, quelques jours après notre départ, qui s'effectua le 17 août suivant.

Ici se termine tout ce qui a rapport à l'histoire de cette île et du sort de nos établissemens. Dans le chapitre suivant nous jeterons un coup-d'œil sur les colonies en général, et leurs rapports avec la métropole. Nous examinerons leur situation présente et future, par suite de l'abolition de la traite, et à ce sujet, nous passerons à Madagascar, en établissant d'une manière précise les désavantages qu'il nous a offerts, les avantages qu'on peut en retirer, le considérant sous le même point de vue que les autres colonies ; enfin, nous terminerons par le plan d'une nouvelle expédition et d'une colonisation définitive.

APPENDICE.

Résultat de la dernière expédition. Aperçu général sur le système de colonisation en France.

Pour prouver jusqu'à l'évidence combien le gouvernement a été trompé sur le compte de Madagascar, nous allons analyser un mémoire qui a dû être adressé au ministre de la marine vers la fin de l'expédition, et par lequel l'autorité de Bourbon a sans doute cru se mettre à l'abri des réprimandes. Examinons-le de point en point, afin d'en mieux saisir les erreurs pour les mettre dans tout leur jour et les réfuter ; ensuite nous passerons aux considérations générales.

« Depuis le traité de 1814, il ne reste à la France aucun port dans les mers de l'Inde. Bourbon, sous ce rapport, n'offre aucune ressource, et cependant l'extension de son commerce par la présence d'un grand nombre de navires du commerce et de l'état en exigerait un pour leur réparation et leur sûreté dans ces mers, soit pendant l'époque des coups de vent, soit en temps de guerre.

« Maurice, au contraire, situé au vent, peut, au premier coup de canon, fournir les navires nécessaires pour intercepter le commerce, et qui rentreraient si des forces navales trop considérables se présentaient ; si la navigation de l'Océan, des mers du Sud et de la Méditerranée nous est restée libre ; si notre sécurité dans cette dernière s'est accrue par la prise et la colonisation d'Alger et lieux voisins, comment se fait-il que cette insouciance existe pour les mers des Indes, le plus beau et le plus ancien théâtre de nos opérations commerciales ? Quand on pense qu'un cordon tracé par l'Angleterre avec ses établissemens du Cap, de Maurice, des Seychelles, à Ceylan, dans tout le Bengale, au Pégu, à Sumatra, à la Nouvelle-Hollande, peut en interdire d'un moment à l'autre, et pour long-temps, le passage. Quels navires oseront y pénétrer en temps de guerre? Il est donc important d'avoir un établissement qui offre quelques ressources pour réparer ce que nous avons perdu, et depuis long-temps déjà l'attention s'est portée sur Madagascar, où nous avons conservé des droits.

« Située entre les deux routes de l'Inde, cette île, d'une étendue de plus de trois cents lieues de long sur cent vingt de large, douée d'un sol très-fertile, habitée par une population intelligente et forte, possède des ports vastes et commodes. »

Mais quoi! pas une colonie n'avait pu s'y maintenir? A quoi en attribuer la cause? A l'insalubrité. On ne commença, on ne finit que par-là. Pourtant les Anglais ne se sont-ils pas établis, n'ont-ils pas prospéré à Batavia, les Français à Saint-Domingue, à la Martinique, à la Guadeloupe ? Le véritable motif, le plus puissant, il faut le chercher dans les fausses dispositions, l'insuffisance des moyens et la tiédeur de la France.

« On a généralement rejeté (et à juste titre) sur la mauvaise administration de MM. de Flacourt et Chamargon les revers de l'expédition de M. Delameilleraye; sur la forfanterie de Béniouski, ceux de l'établissement de la baie d'Antougil; sur la jalousie de l'Ile-de-France, l'abandon des travaux de M. de Madave; enfin l'essai infructueux tenté il y a dix ans à Sainte-Marie, sur l'insuffisance des moyens dans le principe et le peu de soins portés après.

« Vint alors l'expédition de Tintingue, par suite des propositions de MM. le baron de Mackaud, Silvain Roux, Albran et Frappas, qui considéraient ce point comme le plus propre à de pareilles vues.

« Comme colonie seulement agricole, M. Albran proposait le Fort-Dauphin; mais, pour un établissement plus vaste, c'était au centre qu'il fallait le fonder; cela nécessitait un grand déploiement de forces. Outre la faible importance des points sur le littoral, on avait à braver le climat, à craindre l'insurrection des naturels de l'intérieur, en sorte qu'en cas de guerre avec les Anglais, ils eussent recueilli tout l'avantage de ces points, nous en laissant les charges. Tintingue, possédé seul, n'offrait un peu d'avantage que par ses relations avec Sainte-Marie; encore Sainte-Marie n'eût pas résisté long-temps à des forces maritimes, et Tintingue eût été pris par famine, si l'on avait soulevé les naturels contre nous ; ce qu'on fit si bien en 1830. Afin de rehausser le prix de ce port, on a mis en doute son insalubrité incontestable qui séjourne sur toute la côte est, à l'exception de l'extrémité nord. Elle était, à vrai dire, moins grande partout qu'à Sainte-Marie, ainsi que je l'ai fait connaître par un mémoire adressé à ce sujet à M. le gouverneur de Bourbon, établissant des comparaisons de maladies et de pertes entre les deux points, la nature du sol, etc., et prouvant que les suites fâcheuses de l'hivernage avaient été plutôt le résultat de l'imprévoyance des administrateurs que l'effet pur et simple du climat. M. Albran prétendait en 1824 qu'il fallait avoir visité les forêts marécageuses pour connaître le danger que courraient les gens chargés de les défricher. D'abord il n'avait probablement vu qu'une très-petite partie des environs ; il n'avait pas parcouru un espace de dix à douze lieues comprises entre la Pointe-Larrée et la baie où se trouve le tombeau du chef *Tsiphonia* et de sa famille, à quatre lieues dans le nord de Tintingue. Il n'avait pas remonté à deux ou trois lieues la belle rivière de Fondarase, le grand et le petit Mahompas; le premier jusqu'à ses belles cascades qui sont à trois ou quatre lieues dans l'intérieur et qui descendent de la première chaîne de montagnes, ni vu les branches du petit ruisseau connu sous le nom de Ranavalo (*eau d'argent*), ni visité les bords de la rivière d'Angaratava, qui se perd dans la baie de même nom, à une lieue dans le nord de Tintingue); enfin il n'avait sans doute pas pénétré jusqu'au pied des montagnes. Sinon il eût conçu qu'il était facile, comme je le proposais dans mon rapport, de défricher par le feu à une certaine époque.

Quelle que soit la gravité de la nature des fièvres, on a mal à propos cherché à les comparer à la fièvre jaune des Antilles. La terreur qu'elles inspirent se conçoit facilement : cependant, quoiqu'on ait dit qu'on ait défié les Européens de pouvoir séjourner long-temps dans l'île et s'y fixer, nous en avons vu un assez grand nombre habitant les principaux points de la côte, comme ouvriers, commerçans ou cultivateurs.

« Si le commerce du riz et des bœufs, disait-on dans le même rapport, reprend de l'extension, les bâtimens ne resteront que pendant le chargement. » On ignorait sans doute que déjà les Hovas s'étaient emparés exclusivement de ce commerce, et qu'ils ruinaient les traitans par des conditions onéreuses. On ajoutait : « Si ces vaisseaux ont besoin de réparations, ils iront à Maurice de préférence. » Juste redevance qu'il faut certainement conserver à nos voisins, au prix de sommes immenses... Il n'en a cependant presque rien coûté à la goëlette de l'état *le Colibri* pour changer son mât à Tintingue, et au brig de Bourbon *le Voltigeur*, au trois-mâts anglais de Maurice *la Victoria* pour s'y réparer aussi après le coup de vent de 1830. Sur ce point s'offraient de grandes ressources en matériaux par leur proximité et leur facile exploitation.

En continuant ce mémoire, on lit : « Le commerce restera entre les mains de Maurice tant qu'il n'y aura pas au centre de Madagascar une colonie qui puisse lui disputer la prédominance à laquelle Bourbon ne saurait prétendre. Cette dernière ne peut entretenir de caboteurs; son commerce le plus lucratif, la traite, n'en couvrirait pas les frais. Maurice, au contraire, construit des bâtimens, les met en sûreté pendant l'hivernage, tire de l'Inde et d'Europe tout ce qui lui est nécessaire pour les gréer et armer à moins de frais possible, et trouve dans ses relations commerciales plus de moyens de les occuper. Elle consomme plus de riz et de bœufs, expédie en échange des marchandises à meilleur marché que les nôtres. Elle fera donc avec plus d'avantage que nous toutes les opérations auxquelles pourra donner lieu l'importation à Madagascar des objets nécessaires à ses peuples. Elle aura soin de ne diriger ces opérations et de ne placer de traitans que sur des points non soumis à notre domination. Tintingue ne peut point alors être aussi fréquenté que Tamatave et Foulepointe. »

Erreur des plus grandes, et qui émane encore de l'ignorance des lieux ; car Tintingue se trouve au centre de contrées fertiles, avec lesquelles il existe des communications nombreuses et faciles. « On pourrait, dira-t-on, prendre des navires de la métropole qui aimeraient mieux aller chercher à deux cents lieues, et non trois cents, des approvisionnemens, que dans l'Inde, où ils ne trouvent pas un débit plus avantageux de leurs marchandises; cependant ces navires seraient moins propres à ces voyages que ces caboteurs qui se remplissent aisément dans des postes bien pourvus, ont des relations suivies avec les traitans, et savent mieux comment il faut opérer avec eux. » Mais on ne doit pas oublier que ces mêmes traitans n'étaient que les agens de Maurice et de Bourbon. Tintingue eût offert un très-grand avantage par la possibilité d'y établir des magasins immenses et par la sécurité unique des grands vaisseaux sur sa rade.

« Je ne parle, dit le rédacteur de ce mémoire, que d'exportation de riz et de bestiaux, parce que les seules cultures coloniales dont on pourrait tirer de bons produits à Madasgacar, l'indigo et le sucre, exigent des capitaux trop considérables pour qu'elles puissent prospérer, tant qu'il n'y aura pas pour ceux qui voudraient les entreprendre plus de facilité pour le travail, de sécurité pour leurs habitations et leurs capitaux, enfin pour la santé des blancs qui dirigeront ces travaux. »

Ces conditions n'existeraient que si notre colonie prenait un vaste essor, et cela prouve qu'on n'a rien fait à Madagascar tant qu'on s'est proposé un but mesquin et qu'on a agi méticuleusement. On devra donc tout d'abord opérer sur des bases plus étendues.

C'est ainsi qu'on a traité de suite l'affaire d'Alger. Pourquoi celle de Madagascar ne semblerait-elle pas aussi importante, puisque sans exiger les mêmes efforts, elle pourrait un jour devenir aussi féconde en résultats ?

« Il s'agissait d'attaquer le peuple le plus puissant de l'île, le plus disposé à se civiliser, de le forcer par la conquête, ensuite par la persuasion, à se prêter à la régénération que nous voulions opérer en lui, et à nous servir d'instrument contre les autres peuples qu'il a domptés. » On se trompe, on voulait dire sans doute, l'unir aux tribus nos alliées, et achever ainsi la conquête de l'île.

« Ce serait un essai curieux à opposer à Saint-Domingue. On verrait laquelle des deux îles ferait le plus de progrès, de celle qui a repoussé les blancs, croyant pouvoir se régir elle-même, ou de celle qui les appelait à diriger ses efforts vers la civilisation. » Ici il y a une observation à faire ; sans doute nous sommes appelés par les peuplades riveraines à diriger ces efforts vers la civilisation, puisque toutes nos tentatives en ce sens ont été parfaitement accueillies ; par exemple, l'école d'enseignement mutuel établie par M. Schœll à Sainte-Marie, et qui prospérait de jour en jour ; mais la peuplade si bien imbue de principes hostiles à nos institutions, sera toujours l'obstacle à vaincre : c'est ce qu'il ne faut pas perdre de vue. Reprenons le cours du mémoire :

« Pour que le corps ait de l'aplomb, il faut que le pied repose sur un socle solide. Toute colonie qu'on laissera sur les côtes de Madagascar, exposée à être minée par la fièvre, aura en elle-même un vice organique, un germe de mort dont les soins les plus assidus ne sauraient que retarder l'effet. Elle n'attirera ni des capitaux, ni des hommes industrieux et entreprenans, elle ne prendra pas racine et ne consistera qu'en employés du gouvernement, soutenus par l'espoir de n'y faire qu'un séjour temporaire. » Cela est incontestable.

« La mortalité enlève les enfans des blancs et épargne les Cafres et les Hyolofs. » Erreur ; car une assez grande quantité de mulâtres réfute la première proposition, et les observations médicales fournies depuis 1828, prouvent que les noirs étrangers ont eu beaucoup à souffrir de la saison froide.

« Dans l'intérieur, sur la cîme des montagnes peu boisées, on respire un air plus dégagé d'émanations pestilentielles. L'Européen y conserve sa force et communiquerait son énergie à des naturels qui en ont déjà une incontestablement supérieure à celle des habitans du rivage. » On n'en a pas bien saisi la cause, cette circonstance tient seulement à l'influence anglaise chez les uns, et à l'état d'abandon et de persécution où languissent les autres. Mais il ne faut pas croire que ceux-ci soient dépourvus de qualités mâles ; et pour s'en convaincre, on peut se rappeler les lois que Radama fut obligé d'établir contre la pusillanimité de son peuple, toujours battu auparavant. On en trouvera une preuve dans les observations de M. Dumaine, sur les avantages qu'avaient les peuplades habitant les régions comprises entre Mozangaye et Foulepointe.

D'après les détails fournis par *Lapie*, dans sa carte de Madagascar, on pourrait facilement communiquer de Tintingue à Emirne par le Romangourou (rivière), en traversant les plaines découvertes des Andantsayes, et avec la côte ouest par les chemins que M. Dumaine a trouvés assez plats et praticables. Les eaux y sont bonnes, la végétation belle sur les montagnes, et les vallons ne sont point inondés comme chez les Bétanimènes.

MM. Carayon, Arnoux et surtout Robin qui ont fait le voyage d'Emirne, assurent que la température y est favorable à la santé, et que là n'existent pas les causes auxquelles on attribue les maladies qui règnent dans les régions plus basses. Le séjour des missionnaires et des agens politiques anglais à Tamanarive, en est une preuve; de même que les maladies très-graves que les Hovas éprouvent sur la côte et jamais chez eux.

« La nécessité d'un point dans l'intérieur est donc incontestable. On craindrait pour lui une foule d'obstacles. » Erreur; il n'en est pas de plus grand que celui du climat. «Par exemple, le séjour de six mille Français parmi une population d'un million cinq cents mille à deux millions de barbares, à soixante lieues des côtes, hors de la portée des secours des escadres de leur nation, inspirerait des craintes. « On voit encore ici un manque de notions suffisantes sur bien des points.

D'abord, les naturels ne sont point des barbares, comme on veut bien les appeler; mais, et l'on a pu s'en convaincre par l'histoire de notre expédition de 1829, la majeure partie nous est dévouée. Il ne suffirait pas, il est vrai, de s'établir dans l'intérieur, mais il faudrait fortifier les principaux points du littoral et faire travailler les naturels à l'assainissement. On profiterait de l'influence des Malates qui nous ont toujours été favorables. Ces Malates, qu'on a cru d'origine arabe, sont des nobles, des chefs du pays qui avaient toujours la haute main en affaires de guerre ou de commerce. Ce qui démontre la fausseté de cette origine qu'on leur attribue, c'est que de nos jours encore, tout individu né d'un blanc et d'une femme libre est Malate. L'histoire de Tamhinalo et de Yavi nous en fournit un exemple. Je suis obligé de revenir sur quelques considérations historiques pour relever des erreurs qui se sont glissées sur ce point, et sont assez importantes.

C'était afin de contenir ces Malates et d'affaiblir leur pouvoir qu'*Andrian Ampointe* et son petit-fils Radama firent leurs excursions, étendant facilement leur domination dans l'intérieur; ce dernier surtout aidé des trésors de son grand-père et des conseils de l'Angleterre. Cependant, comme le prétend l'auteur, ce peuple n'obtint pas de suite la prééminence sur le reste de l'île, car ce n'est qu'en 1826 qu'il vint à bout de terrasser les Bétanimènes et les Betsmisaracs. Jamais il n'a soumis complètement les Saclaves ainsi que les peuples du sud et du sud-ouest, malgré les nombreux secours de la Grande-Bretagne et l'éducation donnée, dans l'espoir d'en retirer des avantages, à plusieurs jeunes Hovas, soit à Londres, soit à Maurice.

Que de sommes dépensées par l'Angleterre, que de sacrifices en cadeaux, en représentation pour ses agens, etc. Il fallait qu'à tout prix elle achetât cette prépondérance perfide dont nous avons eu une preuve convainquante dans les réflexions d'Henri Senec à Foulepointe, en 1828.

A l'époque de la mort de Radama, les choses prirent un nouvel aspect. Ranavalo, élue reine, par un parti à la tête duquel était Andimiase, jeune Hova élevé à Londres et annonçant de grands moyens, fit décapiter tous les parens de Radama, et les chefs les plus puissans. Ce ne fut que par la trahison qu'on put vaincre Ramanabaule, cousin de Radama, qui s'était retiré au Fort-Dauphin, en se déclarant indépendant. Rafarla, chef saclave et beau-frère de Radama, avait été assassiné à Foulepointe, et remplacé par Rakéli. Ramanatave se retira à Anjouan; Robin eut pour successeur à Tamatave le prince Corollaire, et on a vu quel rôle a joué ce dernier. Enfin, en 1831, Andimiase lui-même succomba par suite de toutes les divisions qu'avait entraînées après elle cette révolution. Toutes les peuplades étaient soulevées ou prêtes à prendre les armes; il fallait en profiter, imposer nos lois, et mettre sur le trône le chef du parti le plus puissant. Dans de semblables circonstances pourquoi un Français habile, aidé d'un corps d'officiers dévoués, ne prendrait-il pas sur ce peuple l'ascendant qu'avait obtenu Radama, assisté de Robin et d'Hastée. On mettrait dans les conditions d'avénement que le nouveau roi agirait selon les vues de l'agent français; qu'il assignerait aux Européens des propriétés et des esclaves ; qu'il en garderait auprès de lui un certain nombre pour discipliner son armée, instruire ses sujets, établir une administration combinée suivant les usages du pays et les améliorations jugées convenables. Cette combinaison s'appuierait sur le système dominant de féodalité et les institutions militaires déjà créées par Radama.

L'auteur n'a pas songé ici que c'était peu d'avoir des hommes influens, si des forces considérables ne les appuyaient pas, en cas de guerre extérieure ou de révolution à l'intérieur du pays. En outre, nos moyens seraient insuffisans pour combattre ceux de l'Angleterre, dont on ne pourrait détruire le privilége existant ; au contraire, quel succès pourrait se promettre un gouvernement français qui traiterait les naturels comme les Européens, abolirait l'esclavage en engageant, soit dans des régimens, soit dans des ateliers, ou avec les habitans, tous les hommes qui se trouveraient dans cet état, et qui en même temps conserverait aux chefs, liés par un serment de fidélité, les grades qu'ils avaient avant notre domination. Enfin, pour mettre à profit cet esprit différent qui règne entre les peuplades, on aurait le soin d'incorporer dans chaque régiment un bataillon de chacune d'elles.

« Nul mode de gouvernement ne conviendrait peut-être mieux à un peuple à peine échappé de la barbarie et esclave, que la féodalité. » — Peut-on au dix-neuvième siècle tenir un pareil langage? cette idée, empruntée à l'absolutisme du bon vieux temps, est trop contraire à nos institutions pour être admissible. Bien plus, ce principe en opposition avec le caractère des naturels, éloignerait nos partisans ; et que faire sans eux?

Dans un autre paragraphe on lit : « Les Français pourraient être admis au rang de seigneurs, soit par suite de services, soit par des alliances avec les familles nobles. » On a omis, peut-être à dessein, une troisième condition, la possession de parchemins méconnus en France. Il est vrai que ce moyen était excellent pour appuyer les priviléges, mais l'occasion avait cessé d'être favorable. Quant aux alliances avec des filles nobles, ce moyen avait bien pris à Sainte-Marie, non par la raison qu'on s'unissait à de puissantes familles, mais au contraire parce que les naturels considéraient comme une faveur insigne de voir une de leurs parentes épouser un blanc. C'étaient moins les titres qu'on recherchait de part et d'autre que l'influence morale. On pourrait prouver par une autre cérémonie combien les naturels cherchaient à s'attacher à nous; c'était le *lien du sang*. Pour obtenir le titre de frère de sang, chose aussi sacrée pour eux que le lien naturel, on doit passer par les épreuves d'une cérémonie qui fait connaître l'importance attachée chez eux au serment. Au jour marqué, les amis informent leurs connaissances de leurs dispositions. S'ils sont riches ou influens, on voit arriver au lieu désigné tous les chefs de villages qui viennent faire leurs complimens; ensuite tout le peuple s'assemble pour être témoin des sermens. Au moment indiqué, qui est toujours de dix heures du matin à deux heures du soir, les chefs s'assoient par terre et forment le cercle; l'un d'entre eux présente aux deux amis une sagaie, qu'ils tiennent de la main droite, en se plaçant l'un vis-à-vis de l'autre. Dans cette attitude ils jurent de se porter un mutuel secours, de ne jamais abandonner leurs parens dans l'adversité et de faire cause commune dans toutes les circonstances. Ce serment prononcé, on leur donne un instrument tranchant et un morceau de gingembre, quelquefois un peu de riz cuit. Ils se font quelques scarifications sur le creux de l'estomac, absorbent avec leur morceau de gingembre le sang qui s'écoule de leur petite plaie, échangent ces morceaux et les mangent. S'ils ont du riz cuit, ils le mangent après. Ensuite, ils se couvrent la partie scarifiée, quittent leur sagaie et reçoivent les félicitations de l'assemblée. On se rend dans la case du chef du village où s'est passée la scène; là se trouve servi un festin composé de riz, de poissons, de volailles, de bœuf bouilli avec du piment, des herbes de différentes sortes, connues sous le terme générique de brides ; le ragoût porte le nom de rôt. Ce sont les deux frères qui ont pourvu à tous les besoins et traitent leurs témoins : aussi une fête de ce genre coûte-t-elle quelques sacs de riz et presque toujours une barrique d'arack, sans compter les accessoires. Aussitôt la cérémonie terminée, tout le monde se met à manger dans l'ordre suivant : les deux frères, leurs parens et amis dans une case où l'on admet tous les chefs de villages. Des nattes fort propres et élégamment travaillées sont étalées par terre. Plusieurs feuilles réunies de rachal (arbre du voyageur) occupent le milieu de cette espèce de table, et sont destinées à recevoir le riz. A chaque place il y a une grande feuille qui doit servir d'assiette, et deux ou trois petites devant faire l'office de cuillères. Le riz est apporté dans une assiette et versé en forme de pain conique sur les feuilles du milieu. Dans cet état il a une blancheur éblouissante que rien n'altère, pas même la plus petite pellicule. La manière dont on l'a cuit a fait augmenter chaque grain de plus du double de son volume ordinaire ; ce qui surprend le plus, c'est que cette masse énorme que l'on verse sur les feuilles ne laisse pas échapper un atôme d'eau. Le bœuf, la volaille ou le poisson sont distribués par portions, tout découpés sur les feuilles qui sont à chaque place. Alors on s'assied, et le repas commence. Pour diminuer la sécheresse du riz, des noirs sont derrière qui puisent dans les marmites le bouillon provenant de la cuisson des viandes. Ils en prennent avec tout le soin possible dans une cuillère de feuille pour arroser le riz contenu dans la cuillère du maître, à chaque fois on se fait verser de nouveau du bouillon. Pendant le repas la conversation est rarement bien animée. Lorsque tous les estomacs sont pleins, les esclaves changent les marmites et apportent celles qui ont servi à la cuisson du riz. La petite quantité d'eau employée pour cette cuisson, étant promptement absorbée, le riz qui se trouve intérieurement et sur le pourtour du vase s'y attache et brûle. Après avoir retiré celui qui est cuit à point, on verse de l'eau et l'on met de nouveau la marmite au feu : c'est assez généralement tandis qu'on mange. L'eau, s'emparant du principe nutritif et astringent, ainsi que d'une partie de la matière colorante du riz brûlé, prend alors une couleur dorée ; c'est dans cet état qu'on l'apporte à la fin du repas. On enlève tout excepté la natte, et on sert des cuillères en feuilles beaucoup plus grandes, afin de boire à long traits de cette eau chaude qui fait les délices du cercle quand elle est bien préparée ; son goût tient de celui de l'eau panée. Lorsqu'on a amplement bu, car aucun liquide n'a paru dans le repas, on se repose pour se jeter plus tard sur les vins, l'arack ou les liqueurs, suivant la fortune ou la position des hôtes. C'est alors que la conversation s'anime : l'un rappelle ce qui s'est passé pendant la cérémonie, l'ordre, la précision avec lesquels tout s'est fait, la joie peinte sur toutes les figures, l'expression des sentimens des deux frères, etc. Un autre raconte les nouvelles du jour; enfin, la conversation devenant générale, dure jusqu'à ce que la danse du peuple attire les regards des chefs. Pendant le repas, dont j'ai donné l'aperçu, les autres Malgaches s'étaient retirés, soit dans leurs cases, soit à l'abri des larges manguiers pour prendre avec moins d'apprêts un repas plus frugal, se composant de riz seulement avec quelques herbes, du piment ou du gingembre, et du sel pour relever le goût du bouillon. Lorsque le peuple et les esclaves ont mangé, la danse commence, et l'arack est distribué à la ronde. Les hommes se réunissent à quelque distance pour voir danser ou pour causer, et les femmes forment le cercle, soit debout, soit assises par terre pour examiner les contorsions singulières des danseuses. Celles-ci, par le balancement de leur tête et de leur tronc, représentent le mouvement d'un arbre que le vent agite. Leurs pieds, frappant par intervalles le sol avec assez de force, marquent une mesure par fois languissante, par fois passionnée. Cette musique se compose de voix de femmes unies au bruit d'un morceau de bambou, sur lequel on frappe avec deux petites baguettes; quelquefois on y joint le dzedzi et le marouvane. Le premier est un instrument composé de la moitié d'une petite calebasse unie à un morceau de bois en forme d'archet qui, au lieu de crins, aurait une corde de moyenne grosseur, et qui présenterait à l'autre extrémité quatre fortes dentelures pour le doigté. Le marouvane est un morceau de très-gros bambou, dont on enlève de distance en distance l'écorce pour en faire des cordes sous lesquelles on passe des chevilles pour les tendre davantage. Par le moyen de leur grosseur et de leur plus grande extension, on obtient des sons plus ou moins aigus. Afin de donner plus de fixité à ces cordes qui tiennent par leurs deux extrémités à l'instrument, on les cintre avec un lien, dont les tours fortement serrés les uns contre les autres, dans l'étendue d'un pouce, empêchent la corde de l'instrument de forcer sur ses extrémités.

On se sert de ces deux instrumens d'une manière différente. Le premier est appuyé horizontalement sur la poitrine, soutenu du côté de la calebasse par l'avant-bras droit, et les quatre touches sont pour les quatre doigts de la main gauche, tandis que le pouce seul de la main droite pince la corde. Le marouvane, au contraire, est obliquement appuyé de haut en bas sur le ventre ; il est tenu par les deux mains qui pincent plusieurs cordes à la fois : ce qui rend des sons harmoniques et des accords parfaits. Les naturels ont l'oreille assez musicale pour mettre leur instrument d'accord, par le seul secours de ces petits chevalets dont j'ai parlé plus haut.

Mais revenons au fait, dont ces longs détails que j'ai jugés intéressans, m'ont fait m'écarter. En suivant le Mémoire, nous voyons qu'on passe aux avantages que nous offre le sol, si nous habitions la province d'Emirne, située au centre. « Les avantages que retireraient les Européens de leur séjour à Emirne, seraient l'éducation des bestiaux, l'exploitation des mines, la fabrication des étoffes de soie et de coton. Il existe déjà dans le pays des étoffes de cette première matière, connues sous le nom de Toulouranne; mais il serait préférable, je crois, de transporter en France les matières, au lieu d'établir des manufactures de ce genre, d'autant plus qu'on aurait bien d'autres branches d'industrie à cultiver. A Madagascar, la soie est tellement abondante, qu'on pourrait choisir, entre les quatre espèces de vers qui la fournissent, la meilleure, et l'élever en grand. On obtiendrait d'immenses produits. Le coton y vient aussi parfaitement, et n'exige pas plus de peine pour sa culture que les autres végétaux. Il en est de même pour l'indigo, dont quelques espèces sauvages sont indigènes. On marcherait vers des progrès plus rapides avec cette peuplade qu'avec celles du littoral. » Encore une prévention, une erreur des plus grandes. Si ces indigènes sont moins avancés, c'est qu'ils ont été privés de ressources et de chefs entreprenans; mais bien loin qu'ils manquent de dispositions, il est difficile de trouver des gens aussi ardents et aussi industrieux.

« Pour ne point rendre notre présence à charge, ajoute-t-on, il n'y faudrait laisser que le nombre d'hommes nécessaire pour y entretenir notre influence. » Ce serait encore une demi-mesure, et l'on doit se rappeler ce qu'il en coûte. « M. Dumaine propose le territoire des Nitsianacs comme le plus avantageux, surtout le village d'Antrouha, comme point central de commerce des Français avec la côte Est, les Saclaves et les Hovas. Ce village est situé à vingt-cinq lieues au sud de Tintingue et sur le bord du Manaugourou, dont l'embouchure se trouve à peu près vis-à-vis la pointe sud de Sainte-Marie. Le pays offre toutes les conditions pour la culture, et paraît jouir d'une certaine aisance : ce qui serait très-avantageux pour de nouveaux colons.

« On ne s'y établirait qu'après avoir ou soumis les Hovas, ou fait un arrangement avec eux, et les Antsiaracs, qui pût donner l'espoir de ne pas être troublé dès les commencemens de l'établissement, et de ne pas y manquer de vivres. »

Sans doute ce point devrait être occupé à cause de son importance ; mais peut-on mettre en doute les obstacles que susciteraient les Hovas ? C'est donc chez eux qu'il faut s'établir d'une manière solide pour la tranquillité générale ; ensuite choisir le terrain et les lieux les plus favorables aux différens genres d'industrie et de commerce. « On traiterait avec tous les propriétaires du terrain qu'on voudrait employer ainsi. » Je ne sais quelle espèce de traité on veut entendre ; serait-ce pour avoir le terrain en propriété ? « On trouverait bien toujours assez de moyens pour cela.... » Aurait-on dessein d'enlever aux naturels le meilleur sol, afin de le cultiver soi-même ? Ce serait une fort mauvaise idée que de les distraire de travaux, qu'il faudrait au contraire augmenter davantage. « On promettrait de respecter les droits de tous

ceux qui s'uniraient à nous. » — C'est tout naturel.—
« Et on menacerait ceux qui quitteraient leurs domaines de les faire occuper par les Européens qui se proposeraient pour les cultiver. » Il faudrait que, dans ce cas, l'abandon fût définitivement déclaré.

« Toutes les terres qui n'auraient pas de maîtres seraient réparties entre les soldats blancs qui les auraient le mieux méritées, avec des avances nécessaires pour qu'ils pussent avoir des engagés, et élever des bestiaux. » Nous ne sommes plus au temps de Publius Agricola. Il est à remarquer que chez nous un soldat, en s'occupant de spéculation ou de culture, perd le goût de son état, et devient fort mauvais serviteur. Cela fait que les troupes se perdent dans les colonies, chaque militaire étant sans cesse occupé à travailler. Du reste, cette promesse de concession de terrain avait déjà été faite. Elle ne pourrait s'appliquer qu'aux soldats congédiés, les autres ne devant être distraits de leur service, surtout dans les premiers temps.

« Le gouvernement s'en procurerait un nombre suffisant pour travailler à l'assainissement de Tintingue et ouvrir des routes de ce point vers Androuha et l'intérieur, de manière à ce que les naturels trouvassent plus commode de transporter leur riz et de conduire leurs bœufs à la place que partout ailleurs. » On a sans doute voulu parler d'engagés par ces mots *le gouvernement s'en procurerait*, etc. Car on sait combien les Européens paient cher les travaux, surtout sur le littoral. Cette tâche serait facile à accomplir, les chemins existant déjà ; il n'y aurait qu'à brûler des forêts en certains endroits pour hâter les travaux ainsi que je l'ai souvent proposé, relativement à Tintingue, au gouverneur de Bourbon.

« Il se développerait sur ce point, malgré la terreur attachée à son nom, une activité qu'on ne peut guères déployer qu'en la faisant descendre de l'intérieur, et qui sans de fréquentes communications des postes éloignés, resterait dans un assoupissement plus complet que celui de Sainte-Marie, puisque les difficultés de la culture y seront encore plus grandes, et que de long-temps les environs du port ne produiront rien qui puisse y attirer les bâtimens. » Il faut un entêtement ou ignorance profonde pour émettre de telles idées, quand on pense que depuis la baie de Tintingue jusqu'à la première cascade du Mahompas qui est à dix milles environ de son embouchure, on rencontrait quatre à cinq plaines immenses semées de riz et que du fort même on en voyait deux autres sur les montagnes, sans compter celles qui n'étaient pas aussi apparentes.

« Cette marche serait inverse à celle que l'on a suivie, c'est-à-dire qu'au lieu de commencer par Tintingue pour pousser des colonies dans l'intérieur, on commencerait dans l'intérieur pour revenir vers le port. » La réflexion, il faut en convenir, est un peu tardive, ou plutôt on a mis trop de temps à réfléchir sur cette proposition qui avait été faite par Robin.

Car il ne faut pas que l'auteur de ce Mémoire revendique cette idée comme la sienne propre.

« Mais, dira-t-on, voilà les résultats, quels seront les moyens d'y parvenir? Comment les six mille hommes arriveront-ils à Emirne avec tout l'attirail nécessaire pour assurer leur subsistance et pourvoir à leurs besoins? par les chemins de la côte, et ce serait impossible. Il n'y existe que des sentiers traversant alternativement des bois touffus, des vallons marécageux, des montagnes escarpées. Mais par la côte ouest, dont la pente est douce et découverte, il y a, selon M. Robin, des chemins assez larges et praticables pour des bêtes de trait, qui conduisent de Monrondava et de Bombétoc vers l'intérieur. M. Dumaine présente celui de Mozangay aux monts Anguiripi comme bien ouvert et peu fatiguant. »

Il est probable qu'avant ou pendant l'expédition de 1829 on avait ces renseignemens. On pourrait demander alors pourquoi on ne s'en est pas servi, plutôt que de guerroyer avec une poignée d'hommes sur la côte Est? cela confirme davantage le malentendu de cette expédition depuis le commencement jusqu'à la fin.

« On opérerait le débarquement à Bombétoc, sans que les Hovas s'y attendissent et en y réunissant des approvisionnemens de riz et de bœufs qu'on aurait eu soin de prendre à Bourbon et à la côte Est. » Il faudrait au contraire éviter cette relâche parce que nous n'avons pas eu un individu qui n'eût le moral plus ou moins affecté par les contes absurdes qu'on faisait sur la colonie. En outre nous avons vu qu'en 1830, grâce aux faibles approvisionnemens envoyés par Bourbon, la famine s'était presque mise dans l'île. L'auteur ajoute : « il sera possible de monter à Emirne en vingt jours et d'être assisté dans cette opération par les Saclaves. » On pouvait y joindre les Betsimsaracs, ennemis nés des Hovas et qui se lèveraient en masse pour détruire une domination à laquelle ils sont à moitié soumis. Cet exemple serait bientôt suivi par les plus timides peuplades dès qu'elles se sentiraient un solide point d'appui dans notre armée et dans la masse de naturels qui s'y joindraient. La plus grande difficulté serait d'empêcher qu'il se rassemblât autour de nous un plus grand nombre d'individus que le pays occupé n'en pourrait nourrir.

« Quelle résistance pourraient alors opposer les Hovas ? ils se soumettraient ou se réfugieraient dans les montagnes où il serait difficile de les atteindre. On les y laisserait, on se fortifierait à Androuha, et on établirait entre ce poste et Tintingue une ligne de communication protégée par quelques forts et on aurait moins à craindre d'y être harcelé qu'on ne l'a maintenant dans ce port. » D'après ce dernier paragraphe, il est probable que ce mémoire a été rédigé pendant l'occupation de Tintingue, après les affaires de Tamatave, Foulepointe et la Pointe Larrée, mais trop tard pour qu'on ait pu concevoir l'importance de Madagascar.

« Les frais de cette expédition seraient considérables, mais aussi les résultats seraient probables. »
On pourrait dire sans crainte de se tromper, certains.

« Elle nous procurerait une colonie qui deviendrait en peu de temps capable de se défendre contre les attaques des Anglais, de fournir des approvisionnemens à Maurice et à Bourbon et des denrées utiles à la France. Elle offrirait un débouché fort grand aux denrées et aux produits manufacturiers de la métropole ainsi qu'à la population de plusieurs de nos départemens et à celle de Bourbon. » Les individus connus dans cette île sous le nom de petits créoles, seraient plus nuisibles qu'utiles par leur paresse et leur vie errante.

« Elle ouvrirait à notre navigation une voie de plus en lui assurant pendant la guerre des ressources et un abri dont les corsaires pourraient profiter pour intercepter les communications avec l'Inde.

« Dans le cas d'attaque sur Tintingue, on ferait descendre de l'intérieur des renforts qui feraient justice des assaillans; et quand bien même le fort serait enlevé, ce qui est presque impossible, il suffirait d'attendre l'hivernage pour que la garnison d'Androuha pût le reprendre.

« Les plus grandes dépenses consisteraient dans le transport par mer de ces troupes, des colons et des premiers approvisionnemens. Mais ces dépenses seraient productives; elles procureraient un frêt aux navires marchands qui viendraient chercher des sucres à Bourbon, et qui se plaignent déja de n'avoir rien à y porter. Elles occuperaient ceux qui séjournent sur la rade en attendant leur chargement ; elles arracheraient à Maurice un cabotage que cette île fait d'une manière presque exclusive maintenant. En 1828 l'importation de Madagascar à Bourbon était de 633,520 tonneaux, et de Bourbon à Madagascar de 532,000.

« On ne peut obtenir aucun de ces résultats par le moyen de Tintingue seul, même avec une garnison de deux cents blancs et de quatre à six cents Hyolofs. » On a vu l'inconvénient des troupes africaines par les révoltes des mois de septembre 1828 et décembre 1830.

« Pour que les environs de Tintingue soient déboisés et colonisés, pour que les terres aient exhalé les émanations pestilentielles qui sortiront de ces défrichemens et de ces terrassemens, il faut calculer un laps de temps de dix ans. » Erreur que j'avais déjà combattue en donnant dans un rapport adressé à M. le gouverneur de Bourbon les moyens de parvenir promptement et dans un temps opportun ; il ne s'agissait que de brûler après la saison pluvieuse, cinq mois au moins avant l'hivernage, une étendue donnée de forêts, et de faire des saignées dans les lieux bas et marécageux. « Les Hyolofs, les Mosambiques et les naturels seuls pourraient y résister. Ce laps de temps sera loin de suffire si l'on est réduit au nombre des Hyolofs qu'on a actuellement, si la reine ne veut pas louer des engagés, le gouvernement ne permettant pas d'en aller chercher à Mozambique. »

« Une pareille opération de défrichemens demanderait à être conduite très-rapidement, afin qu'on pût ne pas rester longtemps incertain sur ses effets. » J'en ai indiqué le moyen.

« Malheureusement on n'a pu obtenir encore aucun secours des naturels qui sont venus se réfugier sous les canons du fort, aimant mieux périr de faim et de misère que de gagner par un travail assidu une nourriture qu'ils viennent quêter. » Ce paragraphe est infâme par sa fausseté. Comme nous l'avons dit en traitant de l'historique des événemens, plus de deux mille hommes de ces malheureux sont morts de faim et de misère, il est vrai, mais est-ce volontairement et par le seul désir de ne rien faire? Ne leur avait-on pas promis de les secourir, de les protéger contre nos ennemis communs? A chaque instant ne nous demandaient-ils pas des armes? Non seulement on ne leur a rien accordé, mais encore on a l'impudence de calomnier leurs cendres!...

« Si l'on était maître de l'intérieur, on pourrait les habituer progressivement à se rendre utiles, et l'on aurait successivement à Tintingue ceux qui pourraient y rendre des services. » Il eût mieux valu dire ceux qui voudraient habiter cette contrée, car il serait très-impolitique de chercher à les en repousser: idée que cette proposition semblerait énoncer.

« Dans cette hypothèse d'un établissement isolé,

et aidé des seules ressources qu'on y consacre à présent, Tintingue ne sera au bout de dix ans qu'un poste un peu plus sain qu'à présent ; et l'on aura fait pour lui et pour Sainte-Marie les frais d'entretien d'une garnison de quatre cents blancs, de six cents hyolofs et de trois bâtimens de guerre au moins. » Il est vrai que si on ne s'en fût pas plus occupé qu'on n'a fait de Sainte-Marie pendant huit ans, il ne serait jamais rien devenu, et quant aux troupes il y a exagération dans le nombre.

Dans l'hypothèse de six mille hommes formant une expédition dans l'intérieur, on dominerait toute l'île de Madagascar, on aurait à Androuha une colonie agricole, dont les produits ainsi que ceux d'un commerce plus actif et plus fécond avec des naturels plus civilisés, attirerait spontanément sur Tintingue une activité qui déterminerait la création de chantiers, ateliers et magasins nécessaires à un établissement maritime. Tout se préparerait ainsi pour éclore avec ensemble en temps opportun.

« Si la guerre avec l'Angleterre venait à éclater, elle entraverait peut-être, mais n'arrêterait pas cette entreprise, tandis que d'un souffle elle renversera ce que nous ferons à Tintingue ; si nous nous bornons à ce point, la malveillance des Hovas et les fièvres suffiront pour nous attirer ce revers et ce nouvel outrage.

« Comment une pareille entreprise serait-elle justifiable aux yeux des autres nations ? La guerre est ouverte avec les Hovas : elle aurait été suffisamment provoquée par l'envahissement de nos postes de Foulepointe et de Tamatave ; par les insultes commises sur la personne du commandant du fort Dauphin, et celle du sieur Pinson (1) ; enfin, par la défense aux habitans de la Grande-Terre de communiquer avec Sainte-Marie. » N'ont-ils pas eux-mêmes usurpé les droits qu'ils prétendent avoir sur nos anciennes possessions? qu'on se rappelle la conquête de Radama.

« Qui est le plus digne de ce peuple ou de nous de faire fleurir ce pays en y assurant la paix et la civilisation? Cette tâche est assez belle pour braver tous les dangers et les murmures qu'elle pourrait exciter ; nulle part elle ne peut présenter autant de chances de succès, parce qu'aucun peuple noir ne présente autant de dispositions à sortir de l'ignorance.

« Mais comment se livrer à des entreprises de colonisation après tant d'efforts infructueux tentés au Sénégal et à Cayenne? » Dans l'une, l'impossibilité pour certaines plantations était incontestable, malgré le charlatanisme de quelques individus qui, pour acquérir des titres, de la fortune ou des places, ont abusé de la crédulité du gouvernement. Dans l'autre colonie, au contraire, tout porte à croire que ces tentatives seraient couronnées du plus grand succès ; mais

---

(1) Il fut vendu comme un esclave sur une place publique.

on y manque de bras, et l'abolition de la traite fait la perte de cette colonie comme des autres : ce sera le sujet du chapitre suivant.

« Madagascar nous offre donc enfin la plus grande importance comme point maritime, militaire, et sous le rapport de la fertilité. »

Les dépenses annuelles s'élèveraient à 800,000 fr., » je ne sais si cela suffirait, j'en doute ; « Si l'on ne veut pas agir en grand, mieux vaudrait concéder nos droits aux Hovas, et leur demander en échange la conclusion d'une convention par laquelle ils s'engageraient à nous fournir annuellement quatre millions de riz à 5 francs les cent livres ; quatre cents bœufs à 25 francs chacun, et mille engagés à un prix modéré. On supprimerait ainsi une dépense de 800,000 fr., et on enrichirait les ateliers de Bourbon de mille individus pour les travaux de l'intérieur. » Ces idées sont celles qui ont servi de bons de sauvetage au diplomate Tourette, dont nous avons parlé ; mais peut-on en avoir de plus misérables ? elles se ressentent bien de son esprit mercantile. Conçoit-on qu'après avoir discuté nos droits, les avoir soutenus par la force de nos armes, nous puissions nous abaisser jusqu'à marchander l'approvisionnement d'une colonie comme Bourbon : ce serait définitivement nous avouer vaincus et donner toute prise sur nous.

Ici se termine donc ce Mémoire, où on trouve de bonnes idées émises, malheureusement trop tard, et mêlées à des absurdités émanant de l'ignorance complète des choses et surtout des lieux, dans laquelle étaient ceux qui devaient diriger cette affaire; puis, du machiavélisme et du défaut d'harmonie qui existaient entre l'autorité de Bourbon, ses conseillers et le chef de l'expédition navale.

Ce que nous avons dit en passant des autres colonies, nous mène naturellement aux conséquences résultant de l'abolition de la traite; de là, nous passerons en revue l'importance des colonies pour savoir si elles sont utiles ou à charge à la France; et nous terminerons par l'exposé d'une nouvelle expédition à Madagascar.

CONSIDÉRATIONS GÉNÉRALES

sur

MADAGASCAR,

TOUCHANT L'ABOLITION DE LA TRAITE (1).

A l'époque où M. Billard publia son ouvrage sur l'abolition de la traite et de l'esclavage, on ne pouvait que prévoir les suites de pareilles dispositions, mais non sentir comme aujourd'hui l'importance d'une question si haute.

Afin de lui donner plus de développement, nous suivrons les idées et la marche de cet auteur, en déduisant de son ouvrage les conclusions les plus justes, et en y ajoutant ce que nous-mêmes aurons observé.

Sans recourir aux antécédens sur les motifs de l'abolition de la traite, on ne peut disconvenir, malgré l'autorité de M. Billard, qu'outre ses idées phi-

---

(1) Il faut reporter au temps de Radama et surtout à son histoire, qu'un des principaux motifs de la guerre qu'il a faite à ses voisins, était l'abolition de la traite.

lanthropiques, l'Angleterre avait dans cette mesure un but de politique et d'intérêt ; car avant d'y contraindre presque les autres nations, elle avait pris des mesures pour assurer le maintien de ses colonies. La ruine des nôtres n'eût pas tardé, si, dès la promulgation de la loi de 1818, on eût arrêté ce commerce infâme; mais à cette époque on en voyait l'impossibilité, il fallait donc le laisser subsister en cachette, en attendant qu'on pût trouver des ressources définitives. Les ateliers du gouvernement étaient sans bras et ne produisaient rien : on profita de la confiscation pour les garnir d'ouvriers. Cela devenait indispensable ; il y avait urgence dans cette traite, faite par le gouvernement au détriment du commerce ; car il fallait, avant tout, des hommes, tant pour reconstruire que pour réparer le matériel des établissemens. Qu'on se rappelle l'état de nos colonies, lorsqu'à la restauration elles nous furent rendues. Étaient-elles approvisionnées de noirs comme celles des Anglais ? Où en étaient leurs finances, toutes grevées de dettes ? Que l'on compare leur situation avec celle des colonies anglaises, on verra des perceptions plus nombreuses et plus irrégulières, plus d'entraves dans le commerce, un état de souffrance de l'agriculture par suite des inconvéniens provenant du climat, ou tenant à d'autres causes; une moins grande abondance de capitaux, une marche moins uniforme dans leur gouvernement, des institutions moins favorables aux intérêts, moins de garanties pour le présent et surtout pour l'avenir ; enfin, une situation fausse du Colon, qui n'aspirait qu'après le moment de réaliser ses capitaux pour abandonner le volcan, dont il craint de voir éclater l'éruption.

Cet état de gêne et de malheur dans lequel se trouvaient autrefois les esclaves, tenait donc plutôt à la position fâcheuse des Créoles, par la crainte qu'ils concevaient d'un pareil système qui ne leur avait pas été suffisamment expliqué, par des droits plus forts, une plus grande gêne de commerce ; ils calculaient effectivement sur la vie des malheureuses victimes de leur ambition, qui devaient leur fournir, dans un temps donné, les moyens de se mettre à l'abri des événemens. Malgré tous les encouragemens donnés aux noirs pour leur propagation, tous les moyens de recensemens qu'on ait pu employer, il a toujours été difficile d'en faire des dénombremens exacts, et de connaître l'introduction de nouveaux esclaves. Ce n'est que par un affranchissement graduel qu'on peut arriver au but qu'on se propose ; car une mise en liberté spontanée serait le coup de mort de nos colonies.

Quelques administrateurs, ennemis de ce commerce dégoûtant, s'étaient fait des principes d'une philanthropie toute particulière ; les uns, afin d'éviter la fraude et pour mieux distinguer les noirs de l'état, faisaient marquer ces malheureux comme des bêtes de somme, par le moyen d'un fer rouge appliqué sur une partie du corps ; d'autres se réjouissaient en voyant une épidémie peser sur ces malheureux, prétendant que c'était une punition du ciel pour les vils marchands qui les avaient amenés. Ils ne concevaient donc pas que dans l'un ni l'autre cas ce n'était pas les commerçans qui souffraient de toutes ces horreurs, mais bien ces malheureux.

Si nous examinons le caractère et la capacité d'un noir de traite amené brut de chez lui, ou d'un noir élevé avec douceur dans nos colonies, il est évident que la différence est extrême. Plus le noir se rapproche de l'état de liberté, plus son travail se ressent du développement de son intelligence et de son aptitude. Saint-Domingue en fournit un exemple frappant. L'état d'accroissement de population se ressent aussi de ce développement de civilisation.

L'état de mariage prend bien difficilement parmi les noirs. Habitués, en général, à vivre en concubinage, bien que dans quelques pays ils aient des femmes à titre reconnu, on n'obtiendra jamais un accroissement de population par ce moyen, parce qu'on ne saurait jamais fixer le raisonnement des noirs sur ce point. Confier ce soin à des autorités municipales, en leur accordant tous les honneurs possibles, serait, autant que je le puis croire, une chose complètement inutile, non pas que je suppose que par insouciance elles ne rempliraient pas leur tâche, mais parce qu'elles auraient trop à faire sur le moral de ces hommes tout-à-fait insouciants sur ce point.

Les moyens d'abolir la traite ne sont pas indifférens. Comme chez les Grecs et les Romains, ce ne seraient pas les concubines et les favoris qu'il faudrait libérer, mais bien ceux qui par leur conduite ou leurs services se rendraient dignes de cette faveur. Une liberté gratuite ne serait pas aussi avantageuse que celle que le noir aurait acquise par suite de son travail. Il serait donc préférable de la leur vendre. Pour les faire mettre en position de recueillir ce fruit de leurs peines, il faudrait ne pas le laisser à leur disposition, et pour les exciter davantage, placer leurs intérêts sur les propriétés mêmes du maître. A Saint-Domingue, ceux qui ne purent obtenir des biens des blancs devinrent fermiers. Ce n'est sans doute que du temps et des heureuses dispositions des colons qu'on peut espérer une telle amélioration dans la position des noirs et l'abolition de l'esclavage.

Des bulletins de vente, d'achat, des recensemens, des poursuites intérieures, etc. sont autant de moyens qui seraient souvent insuffisans en y mettant la plus grande sévérité ; il y aurait en outre quelques inconvéniens dans les poursuites intérieures qui nécessiteraient des visites, des enquêtes, des informations qui produiraient toujours un fâcheux effet sur l'esprit des noirs. Ce n'est donc qu'en mer ou sur le lieu même du débarquement que les saisies doivent être faites. Ici la navigation seule peut lever les obstacles. Les postes de gendarmerie et de douane étaient avantageux sans doute, mais on a reconnu les abus qui pouvaient se glisser ; alors on a préféré le service des troupes de garnison,

Pour retirer tous les avantages désirables des navires en croisière, il faudrait d'abord empêcher ce commerce pour le compte de l'étranger comme pour le nôtre; il conviendrait que les droits fussent les mêmes pour toutes les nations sur la côte d'Afrique et aux atérages des colonies. Ainsi tout navire de guerre pourrait visiter un navire du commerce étranger comme celui de sa nation, sur la côte d'Afrique, et aux atérages des colonies, de la Martinique, de la Guadeloupe par exemple pour la France et de la Jamaïque pour l'Angleterre, etc.

Comme les peines prononcées par la loi de 1818 étaient insuffisantes, il devenait indispensable que tout individu intéressé dans ce commerce fût passible d'une peine à raison de ses intérêts ou de ses délits; la prison serait pour les circonstances ordinaires; en cas de meurtre, les peines deviendraient nécessairement plus graves.

Le plus important de la question est de savoir ce que l'on ferait des noirs délivrés : on s'est récrié sur ceux de l'état qu'on avait distribués aux différens employés, prétendant que c'était autant de mauvais sujets, ne faisant rien de bon, parce qu'ils ne voyaient jamais la possibilité de s'affranchir. L'auteur regarde aussi comme vicieux le système anglais par lequel on répartissait de la même manière les esclaves, mais pour un temps donné après lequel ils devaient être rendus à la liberté. Il est possible, prétend-on, qu'après avoir servi ainsi quatorze ans, ils soient aptes à quelque chose de bien; et cependant M. Billard considère en même temps l'établissement de Sierra-Leone comme un foyer de civilisation et un exemple à suivre. Quoiqu'en temps de guerre, il offre des chances avantageuses : comment concilier toutes ces idées. Ce qu'il y a de certain, c'est qu'en 1825, j'ai vu les noirs de Sierra-Leone, et qu'ils n'étaient pas traités avec plus de douceur que dans nos colonies. J'ai au contraire été effrayé du grand nombre de condamnations aux fers; je me suis souvent apitoyé sur le sort de ces malheureux, qui non seulement pliaient sous le poids de leurs chaînes, mais étaient encore menés à coups de bâtons. Voici l'exacte position dans laquelle j'ai vu les noirs de cet établissement pendant notre croisière sur la côte d'Afrique.

A la Désirade, au contraire, établissement américain tout nouvellement formé, les noirs étaient libres; on les soumettait à des travaux qui n'avaient rien d'extraordinaire; on paraissait en avoir le plus grand soin; ils avaient l'air satisfait de leur position. Ceci nous amène naturellement à parler de l'établissement de Madagascar, dont l'auteur ne dit que fort peu de chose, probablement faute de renseignemens.

Voici quelle a été la situation des noirs à Madagascar depuis 1821. Tout noir racheté des naturels ne pouvait plus rentrer à l'état d'esclavage. Dès ce jour, il était inscrit sur un registre de l'état civil qui désignait le vendeur, l'acquéreur, le nom du noir, ceux des témoins de l'enregistrement, l'âge approximatif et l'époque de l'inscription. Par le moyen d'un interprète on faisait connaître à ce noir qu'il n'était plus esclave, qu'il s'engageait à servir pendant quatorze ans son nouveau maître ou tout autre à son choix, et qu'après ce temps il serait libre de se retirer ou de servir qui bon lui semblerait ; que son maître s'engageait à le bien nourrir, à l'habiller, à pourvoir enfin à ses besoins ; que son maître était en droit de le corriger, comme il avait le droit, lui, de réclamer près de l'autorité contre les actes de négligence ou de barbarie de son maître ; qu'il était tenu de se livrer aux travaux qui lui seraient assignés.

Il en était ainsi pour les noirs du gouvernement, qui, indépendamment des travaux de diverses espèces, étaient soldats ; on en faisait donc des ouvriers en tous genres, et de très-bons soldats tout à la fois. Ils étaient, à peu de choses près (la paie et la viande), traités comme les noirs des particuliers ; on leur donnait un sou par jour, une livre et demie de riz, un quarteron de viande et un seizième de litre d'arack. Pour leur uniforme, deux rechanges en toiles bleue et blanche, formant deux blouses et deux pantalons, et deux rechanges en rabannes, grosses toiles du pays, en fil de palmier. Tout leur habillement ne revenait pas à cinquante francs par an.

Depuis 1821, nous avons eu ainsi des engagés dont le nombre s'est considérablement accru, et dont nous n'aurions jamais eu à nous plaindre sans la révolte des Yolofs, au mois de septembre 1828. Il est vrai qu'à cette époque ils étaient mal habillés, mal traités ; il fallut une circonstance aussi fâcheuse peut-être pour faire voir clairement quelle était la manière de conduire ces hommes, assez difficiles du reste à diriger. Le Malgache, au contraire, par son caractère doux et patient, son aptitude au travail, son intelligence, s'exposait rarement aux punitions. Il en est résulté que l'établissement de Madagascar possédait, en 1831, lors de l'évacuation, d'excellens ouvriers en tous genres pour le bois et le fer, en même temps que des gens qui avaient fait preuve de courage dans les différentes affaires. Si l'on eût persisté dans les projets de colonisation, et si, mieux encore, on eût su s'attacher ceux qui s'étaient présentés volontairement, nous eussions pu compter des milliers d'engagés, tant volontaires que par rachat. Les engagés volontaires étaient des gens libres qui travaillaient pour le gouvernement ou les particuliers en se louant au mois, ou à forfait. On ne leur donnait d'autre nourriture que celle des engagés rachetés, et leur salaire ne s'élevait pas au-delà de dix francs par mois pour travailler depuis le lever du soleil jusqu'à son coucher. Dans ce laps de temps ils se reposaient de onze heures du matin jusqu'à une heure du soir, pour prendre leur premier repos ; ils faisaient leur second au retour de leur travail. Lorsqu'ils se louaient pour plusieurs mois, on ne les payait qu'à l'expiration du terme convenu. On était en droit, d'après les conditions, de ne pas les payer s'ils n'avaient pas complètement rempli leur engagement. En cas d'absence ou de maladie, ils remplaçaient le temps perdu. Il est aisé de concevoir qu'avec de pareils gens on ne pouvait jamais se trouver dans l'embarras, et que sur deux millions d'hommes au moins qui composent la population de Madagascar, il devenait facile, en s'emparant du pays, non seulement de coloniser promptement cette île, mais encore d'en faire un entrepôt pour nos autres colonies.

Les Indiens, dont on a fait l'essai à Maurice et à Bourbon, ne remplissant pas les conditions qu'on en attendait, seraient avantageusement remplacés par les Malgaches, et à meilleur compte.

Ce qui diminuerait beaucoup du prix de ces noirs, ce serait d'abord la traversée, qui est fort courte, de Madagascar à Bourbon; leur genre de nourriture est la même que celle des esclaves, tandis qu'il faut pour les indiens des préparations particulières; ils ne peuvent vivre en outre sans bétel; leur caractère est d'ailleurs bien différent. L'Indien tient infiniment à son pays, surtout à ses habitudes et à ses principes; son caractère est mou, indolent; il est vil, rampant, et ne se fait point scrupule de mendier plutôt que de travailler. Le Malgache, au contraire, exempt de tout fanatisme religieux, joint à la fierté une grande douceur de caractère; il se montre très-sensible au genre de traitemens qu'on lui fait éprouver. L'Indien tient à son costume national et à ses usages, dont il ne départ que bien rarement. Pourvu que le Malgache ait ses deux vêtemens de toile bleue ou blanche, qu'il soit bien nourri, bien traité, il émigrera volontiers, abandonnera ses amis, ses habitudes, son costume pour courir les aventures; il s'exposera sur un bâtiment dont il connaît à peine la construction; il se risquera donc sur cette maison flottante au gré des flots et des vents; il s'y créera des occupations et cherchera à imiter les européens : dans les colonies il travaillera le fer et le bois, il exercera son intelligence aux travaux qui lui seront étrangers. Non seulement nous en avons eu une foule de preuves par les navires qui font les transports des bœufs de Madagascar à Bourbon et à l'Ile de France, mais encore par les Hovas qui sont demeurés plusieurs mois prisonniers à bord de *la Terpsichore*. Le Malgache ne demande qu'une seule chose, c'est d'être traité avec douceur. Lorsqu'il est coupable il le sent très-bien, et se soumet sans murmure au genre de punition qui lui est infligé; rarement on l'a vu conserver rancune d'une punition. Un seul cas de ce genre s'est présenté à Sainte-Marie en 1830. Un blanc fut étouffé dans son lit par ses engagés au retour d'un voyage qu'il avait fait de Sainte-Marie à Tintingue, pendant lequel il les avait fort maltraités. Les coupables furent arrêtés par les naturels eux-mêmes, et conduits par eux dans les prisons de Sainte-Marie; de là on les transporta à Bourbon, pour subir leur jugement.

Après avoir fourni, je crois, toutes les données susceptibles de démontrer l'avantage qu'on trouverait à transporter, à l'état de liberté, les Malgaches dans nos colonies, une question se présente : celle de savoir s'il serait possible de posséder en même temps des engagés et des esclaves.

Puisque jusqu'à ce jour notre colonie de Bourbon a été servie par des Indiens libres et des esclaves, il est présumable qu'on n'éprouverait pas plus de difficulté quant aux Malgaches. Mais m'objectera-t-on? les Indiens ne s'entendaient pas avec les noirs; leur religion les éloignait d'eux; il n'existait dans leurs mœurs, dans leurs habitudes, rien qui pût les faire sympathiser ensemble, tandis que ceux que vous introduiriez retrouveraient des compatriotes, s'entendraient avec eux, et amèneraient conséquemment des désordres par suite de la différence de leur position. Je ne le crois pas ainsi. Les engagés une fois traités avec douceur, deviendraient les défenseurs de leurs propriétaires, ils seraient d'autant plus disposés à soutenir leurs droits que l'esclavage est chez eux un état malheureux et d'infériorité bien marqué, pour lequel ils conservent cependant quelques égards. Le mieux serait, sans doute, de n'avoir de serviteurs que d'une seule classe. Que ferait-on alors des autres? Pour concilier tous les partis, il faudrait, si cette proposition était admissible, promettre la liberté à tous les esclaves au bout d'un temps donné, selon les services qu'ils auraient rendus ou qu'ils rendraient. A mesure qu'il arriverait de nouveaux engagés de Madagascar, on libérerait des esclaves, mais on ne les garderait que le moins possible dans la colonie, ou seulement aux conditions de se comporter sagement, et de travailler. Tout individu inutile ou dangereux serait exporté de suite.

Cette exportation aurait lieu à Madagascar ; là, mieux qu'ailleurs, une population plus forte, une surveillance plus grande, des forces plus imposantes assureraient la tranquillité protégée par les lois Européennes. Ce serait ici le lieu de démontrer les inconvéniens des réglemens et des ordonnances particulières aux colonies. C'est un article de la Charte, qui malgré la modification qu'il a éprouvée, laisse encore trop de latitude aux autorités locales, et par cela-même, un champ trop libre à l'arbitraire. Les lois et les institutions de la métropole peuvent très-bien s'appliquer aux colonies, surtout avec leur mode actuel de gouvernement : le gouverneur représentant un commandant militaire de division, un directeur général, un préfet pour le civil, un chef d'administration pour la marine, un tribunal, un conseil privé pour éclairer le gouvernement sur la conduite qu'il doit tenir, un conseil colonial ou chambre destinée à représenter les droits des citoyens ; enfin, des députés coloniaux auxquels on n'a pas encore accordé les droits et les prérogatives dont jouissent ceux de nos départemens. Cependant, quelles sont les personnes les plus aptes à éclairer le gouvernement sur la situation des colonies, si ce ne sont leurs propres habitans, surtout ceux qui, chargés de défendre les intérêts de leur patrie d'outremer, sont choisis parmi ce qu'il y a de plus recommandable par la fortune, les connaissances et la moralité. N'est-ce pas à MM. Noyer et Sully-Brunet que nous devons les meilleurs renseignemens sur Cayenne, Bourbon et Madagascar? Ne mettent-ils pas, à chaque instant, sous les yeux du gouvernement, la situation de leur pays? puisqu'en travaillant pour leurs colonies, ils travaillent en même temps dans l'intérêt commun; pourquoi ne pas les admettre au rang des représentans de la nation? Les relations extérieures dont ils s'occupent, étant tout aussi avantageuses à la métropole que ce qui se passe dans son intérieur, il paraît indispensable non seulement de conserver les colonies, mais de leur donner encore le degré d'importance qu'elles réclament et dont elles ont été privées jusqu'à ce jour. Ce n'est que par une attention toute particulière portée sur elles, qu'on verra le commerce extérieur reprendre et celui de l'intérieur augmenter d'activité. Dans le cas contraire, on les verrait bientôt ruinés. Le colon ne pouvant plus cultiver faute de bras, les abandonnerait pour se réfugier soit en France dont la population est déjà trop forte, soit chez l'étranger où il irait porter son industrie.

N'avons-nous pas entendu parler de la liberté des colonies? fatale conception d'esprits aveuglés par des principes absurdes! que deviendrait la France dans ce cas, avec une concurrence comme celle que lui oppose l'Angleterre? où irait-elle porter ses objets manufacturés? qu'avons-nous obtenu de l'indépendance de Saint-Domingue?

Il n'y aurait donc plus que quelques-unes de ses denrées qui trouveraient un débouché à l'étranger, mais pour recevoir, en échange, des produits qui absorberaient notre numéraire. Qu'on se rappelle notre position par suite de la perte de nos colonies et du système continental sous l'empire. Qu'eût été la France à cette époque sans les nombreuses et brillantes victoires qui ont fait la fortune de quelques individus privilégiés? mais ce n'est qu'après l'événement qu'on peut se rendre un compte exact de ses résultats. Par combien d'années de gêne et d'humiliation la France n'a-t-elle pas payé cinq lustres de gloire et de souveraineté!

Si son empire eût été aussi bien établi sur mer que sur terre, sans doute la France eût été invincible. Qu'est-ce qui a rendu le siècle de Louis XIV si brillant, ce sont les progrès qu'ont fait les lumières et le commerce? d'où vient la puissance de l'Angleterre? à quoi l'Espagne dut-elle sa brillante position jusqu'au dernier siècle? quand les Grecs enfin furent-ils puissans? c'est à l'époque de leur colonisation; avec leurs colonies tomba leur pouvoir. Il en a été de même des autres nations depuis ces époques reculées; et l'état de l'Angleterre doit nous prouver jusqu'à l'évidence que les colonies sont indispensables au maintien des puissances par l'extension de leur commerce.

Notre position politique et topographique nous

oblige d'abord à conserver nos colonies, et l'état de la France, par son excédant de personnel, en exige en outre l'extension ; en effet, la France ne peut pas toujours être en armes ; elle n'a pas besoin d'avoir constamment des millions de soldats sur pied pour se faire respecter de l'étranger ; il lui faut de l'activité, du commerce, surtout un commerce étendu. Ses manufactures trop productives ne trouvent plus assez de débouchés, il lui en faudrait cependant, et quand l'occasion de lui en procurer se présente, pourquoi l'éviterait-on ?

N'est-il pas honteux de voir dans un pays civilisé comme la France, de malheureux mutilés vous tendre la main sur votre passage, ou d'infâmes paresseux vivre aux dépens de quelques dupes ? Dans les Colonies, vous n'avez point ce dégoûtant spectacle sous les yeux. Une température toujours douce ne fait pas sentir à l'indigent les horreurs de sa position. Quelle que soit sa faible intelligence, il trouve toujours à se nourrir, à se pourvoir des vêtemens légers dont il a besoin. Par cette raison même que la paresse n'a point là d'asyle, on ne rencontre jamais de ces misérables qui vous présentent des plaies dégoûtantes et factices pour tromper votre bonne foi en excitant la commisération. Je me rappelle qu'à certaine époque il fut question dans le département de la Charente Inférieure, d'établir des dépôts de mendicité. Dès que cette mesure fut rendue publique, tous les mendians ou infirmes susceptibles d'être admis dans ces hôpitaux disparurent, et sitôt qu'ils virent qu'on ne mettait point le projet à exécution, ils reparurent. Que deviennent tous ces gens qui, sous le manteau du malheur, cachent leur paresse et les vices les plus honteux? autant de voleurs et de criminels.

Voici donc en quoi les colonies seraient encore avantageuses. Je ne veux pas induire de là qu'on devrait former leur population de gens sans aveu et de déportés : non certes; j'ai déjà émis l'opinion tout opposée en parlant de la colonisation de Madagascar dans le genre de Botany-Bay; mais je crois que tout homme à charge à la société en France, pourrait changer de principes, dans un pays où il trouverait une vie plus douce et plus facile. Qu'on se rappelle, au reste, les forbans de Sainte-Marie.

Il est évident, d'après ce que je viens de dire, que les colonies se trouvent dans une position tout-à-fait fâcheuse par l'abolition de la traite; que ce principe incontestablement bon, entraîne cependant avec lui les conséquences les plus funestes, puisqu'elles peuvent causer la perte des colonies; qu'il est essentiel d'y remédier, et qu'enfin il n'existe qu'un moyen, celui de se procurer des noirs par le système d'engagement. Nous avons vu, par rapport à ce système, que les Malabars, les Indiens, en général, ne peuvent, sous aucun point de vue, remplir les intentions des colons, et qu'ils causent leur ruine. D'après les détails que nous avons fournis sur leur caractère, leur industrie, leurs qualités tant physiques que morales, les Malgaches sont, sans contredit, des hommes qui conviennent beaucoup à nos travaux. Nous avons examiné aussi, dans le cas d'adoption d'un projet, quels pourraient être les inconvéniens qui en résulteraient par rapport aux esclaves actuels, et comment on y remédierait. Il ne nous reste donc plus à savoir maintenant si Madagascar peut nous offrir ces ressources.

Mettre ce sujet encore une fois en question, serait chose tout-à-fait ridicule. Dans le cours de cet ouvrage, nous sommes entrés dans des détails assez circonstanciés sur cette île, sur sa position, le physique de son territoire et ses productions, pour que nous n'ayons plus besoin d'y revenir; l'essentiel est de faire connaître la manière la plus prompte et la plus avantageuse de nous y établir, et les obstacles que nous aurions à surmonter.

Nous avons dit, en parlant des traités entre la France et l'Angleterre, qu'il n'existait aucune contestation de nos droits sur ce pays; mais nous avons vu que les Hovas, seule peuplade qui a toujours mis opposition à nos projets de colonisation, étaient soutenus chez eux par les agens anglais, et au-dehors par le commerce de cette nation. Nous avons fait connaître que toutes les munitions de guerre, et les armes prises sur cette peuplade, étaient des manufactures anglaises. Nous avions omis de dire encore, autant que je puis me le rappeler, que pendant que nous étions occupés à détruire les forts de Tamatave, une corvette anglaise débarquait à Foulepointe quarante Hovas, qui avaient été instruits, soit à bord, soit à Maurice, au maniement du fusil et du canon. Nous avions encore passé sous silence le fait suivant, savoir qu'une frégate était venu mouiller en dehors des passes de Tintingue, et que le commandant était venu avec un des siens faire visite à l'officier qui commandait le fort : il en fit autant à Sainte-Marie. Prétendre que l'Angleterre ne conservait pas de jalousie en voyant la France coloniser Madagascar, serait chose ridicule. Mais n'avons-nous pas des droits acquis, et ces droits, par la violente contestation des naturels de l'intérieur, et la convocation de ceux du littoral ne deviennent-ils pas encore plus fondés? Ce n'est donc que par la force que nous pouvons nous venger des protestations et des insultes de cette peuplade qui compte trop sur l'appui de l'Angleterre; de cette peuplade qui permet chez elle un commencement de colonisation anglaise ; de cette peuplade enfin qui plus tard ferait, à notre détriment, des concessions pour maintenir son empire sur ses voisins. Voici la véritable situation politique de Madagascar. La France peut-elle faire, sans honte, un pareil abandon de ses droits? Pourra-t-elle voir de sang-froid sa bannière insultée dans un pays où elle devait inspirer le respect? Se contentera-t-elle d'un misérable point, où elle n'aura que des pertes d'hommes et d'argent à essuyer, sans espoir même de se maintenir ? Cela n'est pas supposable. L'Angleterre a vu, sans murmurer, l'expédition de 1829 ; elle en verra de la même manière une seconde, qu'elle reconnaîtra plus légale encore à raison de l'opposition injuste que nous avons éprouvée, et de l'illégitimité des droits de cette impudente peuplade. On peut donc, sans crainte, commencer une nouvelle expédition, et montrer aux Hovas que la France n'attaque jamais en vain ceux qui contestent ses droits. Ce n'est plus sur le littoral que nous planterons notre étendard, mais sur les murs de leur capitale, et là nous leur dicterons des lois pour prix de leur audace.

Quand je dis que la force seule peut rétablir nos droits perdus par suite de l'expédition de 1829, je ne prétends pas que ce soit par une guerre d'extermination ; loin de là, je voudrais au contraire qu'on évitât toutes les occasions de perdre des hommes ; je voudrais qu'on obtînt par l'aspect imposant de nos forces et par la persuasion, la capitulation de nos ennemis. Je vais donc expliquer ici mon plan d'expédition et de colonisation ; je l'ai conçu depuis long-temps après une étude approfondie du pays et des hommes.

Il faut coloniser de suite, et voici comment : on organiserait les régimens destinés à l'expédition ; on chercherait des vignerons, des laboureurs, des jardiniers, des charpentiers, menuisiers, forgerons, fondeurs, tailleurs de pierre, maçons, etc., enfin tous les hommes ayant une profession, qui pourraient et voudraient se rendre utiles dans le pays. Ils auraient la faculté d'emmener leur famille, et, dans le cas où ils ne pourraient pas se munir des outils nécessaires à leur profession, le gouvernement leur en ferait les avances. Ils seraient en même temps organisés en gardes nationaux et recevraient en cette qualité les armes et fournimens nécessaires. Leur nombre, y compris leurs familles, pourrait s'élever à trois ou quatre mille. On leur donnerait le passage *gratis* et la nourriture pendant la première année de leur séjour. On engagerait les cultivateurs à se munir de tout ce qu'ils croiraient susceptible de pouvoir se conserver pendant cinq à six mois, pour être transplanté : comme ils habiteraient l'intérieur, on les rassurerait contre les craintes de la maladie si redoutée de ce pays.

Quant aux troupes, il faudrait deux régimens d'infanterie, quatre compagnies d'artillerie, dont une d'ouvriers et deux du génie, en outre le cadre d'un régiment en officiers et sous-officiers pour les troupes noires. Tous ces différens corps seraient affectés spécialement à la colonie, et fourniraient la garnison de Bourbon, qui pourrait être relevée tous les ans, le gouvernement de Madagascar devenant par son importance supérieur à celui de cette île. Pendant ce temps, deux frégates de premier rang, quatre de second et quatre corvettes de charge seraient destinées à porter une partie du personnel évalué à dix mille hommes, et le reste passerait avec le matériel et les approvisionnemens pour un an sur des bâtimens du commerce. Tout le personnel réuni sur un seul point, la capitale, par exemple, partirait à une époque déterminée pour embarquer sur les navires qui devraient être prêts de manière à ne point faire éprouver de retard. Brest serait le port préférable pour cette expédition. On approvisionnerait les navires de vivres et d'eau, de manière à ne pas fatiguer les passagers par de trop grandes privations et surtout afin de ne pas relâcher chez l'étranger. Il faudrait, autant que possible, choisir des hommes portés de bonne volonté, tant parmi les soldats que les nouveaux colons, afin d'éviter les terribles effets de la nostalgie.

La saison pour arriver n'étant pas indifférente et la traversée devant être calculée à trois mois, il faudrait que l'expédition partît de France dans le commencement de février, de manière à pouvoir arriver à la fin de l'hivernage au commencement de mai. On ne relâcherait nulle part à moins d'événemens majeurs.

On se dirigerait sur Sainte-Marie pour y prendre Robin, les personnes disposées à suivre l'expédition et tous les naturels qui voudraient prendre les armes pour nous. De là on passerait à la côte nord-ouest; on irait soit à Bombétoc, soit dans la baie de Saint-Augustin pour opérer le débarquement. On s'entendrait avec les Saclaves, en leur distribuant des armes et des munitions; on les exercerait pendant une quinzaine de jours avant de les mettre en route. Pendant ce temps nos Européens se reposeraient à terre des fatigues de la traversée. Si les maladies qui auraient pu gagner les hommes à bord exigeaient des fruits et des rafraîchissemens, un navire serait expédié à Anjouan ; à l'aide des fruits et des vivres frais, on rendrait la santé en bien peu de temps à nos expatriés volontaires.

Après s'être ainsi reposé, on se mettrait dans l'ordre suivant d'attaque. Aussitôt l'arrivée de l'expédition, le commandant en chef ferait à la reine des Hovas, les sommations voulues de soumission, en l'informant de l'époque de l'arrivée de nos troupes dans la capitale, et lui inspirant la crainte d'une conduite rigoureuse exercée en raison de son opposition. Il ferait répandre le bruit que tout rebelle pris les armes à la main serait condamné à servir de force les blancs pendant quatorze ans, et qu'au contraire on libérerait tous les esclaves qui embrasseraient notre cause, et que les prérogatives et les grades des chefs seraient maintenus. Il ferait un appel à tous ceux qui voudraient prendre les armes, et aussitôt on les enrôlerait, en plaçant à leur tête des officiers et sous-officiers blancs. Pendant ce temps on disposerait l'artillerie, les munitions de guerre et de bouche, les instrumens aratoires et autres, enfin tous les bagages. En fait d'approvisionnemens, il ne faudrait autant que possible que des bœufs qui suivraient l'armée, du riz, nourriture saine et seule capable de prévenir la dyssenterie, enfin de l'eau de vie, qui serait d'un transport beaucoup plus facile, et qui, étendue dans une grande quantité d'eau, procurerait une boisson salutaire.

Lorsque tout serait prêt et permettrait de se mettre en marche, les navires déposeraient, au lieu du débarquement, tous leurs chargemens ; la garde en serait confiée aux équipages d'une frégate de première ligne et d'une corvette. Les autres frégates et corvettes seraient envoyées sur la côte Est pour bloquer et soumettre le fort Dauphin, Tamatave, Foulepointe, Tintingue et Manahar. Le meilleur marcheur des navires de guerre ferait les voyages de Bombétoc à Sainte-Marie, et lorsque la soumission serait complète, et que tous les approvisionnemens seraient rendus à la capitale, les navires se rendraient à Tintingue pour y attendre le personnel, et les moyens de reconstruire nos anciennes fortifications.

Examinons maintenant la marche qu'aurait à suivre l'armée, dans quel ordre, et quels seraient les obstacles qu'elle aurait à surmonter.

Parmi les naturels qui se seraient fait enrôler, un certain nombre serait pris pour former, conjointement avec quelques compagnies d'infanterie et une partie de celle des ouvriers d'artillerie et du génie, l'avant-garde, pour éclairer l'armée, construire les ponts, ouvrir les routes, etc. Viendrait ensuite le corps d'armée, composé de l'infanterie, de l'artillerie et du génie, à l'exception de quelques compagnies d'infanterie qui, avec le reste de nos partisans, formeraient l'arrière-garde et l'escorte de nos approvisionnemens; des détachemens de naturels marcheraient aussi conjointement avec le corps d'armée pour transporter dans les endroits difficiles les pièces d'artillerie. Ce ne serait là qu'une précaution, car nous avons vu en traitant de la topographie de cette partie de l'île, que la pente était très-douce, et qu'il n'y avait que fort peu de montagnes à traverser.

Lorsque des forces s'opposeraient à notre passage, le corps d'armée, et surtout l'artillerie, attaqueraient de front en même temps que les naturels seraient envoyés en tirailleurs sur les flancs de l'armée ennemie. C'est ainsi qu'en vingt jours au plus, on parviendrait à la capitale. Là, sans doute, la résistance serait plus grande; mais après les sommations d'usage, si la ville ne se rendait pas, à l'aide des obusiers, quelques quartiers incendiés répandraient la terreur et forceraient l'ennemi à se rendre.

Le gouverneur ferait alors connaître, au nom du roi des Français son autorité sur la province d'Emirne, et sur nos anciennes possessions riveraines; il dicterait des lois aux vaincus, et prendrait les dispositions nécessaires et les plus avantageuses pour les colons; il approvisionnerait en denrées de toute espèce la province du centre, ferait établir des postes de surveillance aux environs de la ville, et surtout un poste sûr à la porte des tombeaux de Radama et de son grand-père, où des sommes immenses sont enfermées. Les prisonniers seraient répartis entre les cultivateurs et les ouvriers de toute espèce; enfin, les régimens de naturels seraient organisés. Ceux des Hovas, officiers ou autres qui se seraient rendus, conserveraient dans certains emplois leurs titres et prérogatives ; enfin, chacun recevrait le prix de sa conduite.

Le littoral serait gardé jusqu'au moment de l'hivernage par les équipages de ligne, qui seraient remplacés sur les points les plus importans par les troupes noires.

On s'occuperait le plus tôt possible du rétablissement des relations commerciales, et de l'exploitation des mines ; à cet effet, messieurs les officiers du génie, et des ouvriers d'artillerie seraient chargés du soin de l'exploitation des matériaux propres à l'édification d'usines, de forges, de fourneaux, d'ateliers, etc., etc. Un nombre suffisant d'ouvriers noirs leur serait accordé pour les aider, tant dans les recherches, que dans l'exécution la plus pénible des travaux.

Par suite des concessions faites aux nouveaux colons, à condition que toute partie marécageuse environnant la propriété serait desséchée ou assainie par un moyen quelconque, on verrait bientôt la terre couverte d'épis dorés, de céréales. La vigne par ses pampres verts ferait diversion au feuillage des élégans palmiers et des plantes indigènes ; n'éprouvant pas de retard par une saison rigoureuse, elle produirait plus promptement qu'en Europe, et ses produits se doubleraient chaque année. Il en serait des céréales comme de la vigne. La culture du riz, loin d'être négligée, éprouverait des améliorations sensibles par des soins plus grands et mieux entendus. Le jardinage serait encore une nouvelle ressource que nous offrirait l'industrie européenne; des fruits tant exotiques qu'indigènes augmenteraient les richesses de l'industrie et des spéculations. Enfin, les grandes productions telles que celles de l'indigo, de la canne, du coton et de la soie engageraient les spéculateurs à placer leurs fonds sur cette colonie. Les produits exportés et les objets manufacturés de France étant donnés en échange, le commerce deviendrait en peu de temps aussi grand qu'actif. Les approvisionnemens de Bourbon et de l'Île-de-France seraient, comme nous l'avons vu, un débouché considérable, surtout en leur procurant à meilleur compte et par une culture plus active, les denrées que ces deux colonies sont obligées de tirer de l'Inde à force d'argent et sans pouvoir obtenir dans ce pays un débouché pour leurs denrées (1).

Comme nous l'avons dit plus haut, ce pays nous offrirait les plus grandes ressources sous le rapport de son personnel qui s'accroîtrait probablement encore par l'heureuse influence de lois et d'institutions plus raisonnables, et l'abolition de principes

---

(1) Voyez le mémoire de M. Sully-Brunet, sur les relations commerciales entre Bourbon, Madagascar et l'Inde.

aussi ridicules que barbares. Il faut cependant en convenir : les habitans de Madagascar sont peut-être les hommes noirs chez qui la barbarie ait fait aussi peu de ravages. Ils n'ont jamais fait de sacrifices humains et même d'animaux à leurs divinités ; leurs passions ne les ont jamais portés à attenter à la vie de leurs semblables. Une seule coutume aussi ridicule que funeste chez eux, était d'empoisonner de prétendus sorciers. Il suffisait d'être accusé de sortilége, pour que l'accusé même demandât le tanguin (2) (poison violent) pour prouver son innocence ; mais Radama, dans l'intérieur de l'île, et M. Schœll, à Sainte-Marie, étaient parvenus par des punitions sévères à détruire cet usage barbare. Ce qui prouve combien il est facile de se rendre maître de l'esprit de ces gens-là.

A mesure que l'ordre se rétablirait, les travaux augmenteraient d'activité ; du centre, on se porterait vers le littoral ; des chemins seraient tracés, des points fortifiés, des établissemens construits ; enfin, chaque partie civile ou militaire concourrait aux progrès du travail général de colonisation.

Pour qu'on ne pût pas dire que ce serait un nouveau moyen de rétablir la traite, aucun naturel ne pourrait être engagé pour l'extérieur avant qu'on pût

---

(1) Le fruit de cet arbre et l'histoire de l'empoisonnement feront le sujet d'un nouveau mémoire.

ouvrir dans les établissemens du littoral des registres de l'état civil, et nul individu de quelque peuplade qu'il fût ne pourrait en sortir sans être muni de pièces en règles. Des places de ce genre pourraient être confiées avec avantage aux naturels Hovas ou autres qui seraient assez instruits pour tenir un registre en ordre.

Les droits civils seraient égaux pour tous : ainsi, un naturel maltraité par son maître aurait le droit de réclamer des dédommagemens lorsque sa plainte serait fondée, et s'exposerait au contraire à une peine plus sévère en faisant une fausse déposition.

Quelques gens éblouis par cette idée de liberté des peuples, demanderont peut-être de quel droit nous prétendons soumettre à notre domination des gens qui sont à quatre mille lieues de nous? Mais notre réponse serait très-simple ; elle se bornerait à cette autre question. Pourquoi de temps immémorial les peuples ont-ils conservé un empire marqué les uns sur les autres, et quel en a été le résultat? Ceux qui ont eu le plus d'empire, ont toujours été ceux dont les lumières étaient les plus développées ; ce n'était donc que par ce moyen qu'ils s'emparaient de l'esprit des autres pour leur communiquer les moyens de parvenir à leur degré de civilisation. Bientôt ceux-ci faisant de nouvelles découvertes, se trouvant par cela même supérieurs à leurs anciens dominateurs, non seulement se dégageaient de leur empire, mais encore ils pouvaient leur rendre à leur tour le même service en répandant leurs bienfaits ailleurs. Voici donc sous l'apparence de cette domination qui n'a jamais été que passagère, les services importans que se sont rendus les nations. Voudrait-on enlever aux nations le droit de se communiquer leurs lumières? Comment instruirait-on un enfant si ce n'est par l'empire qu'on exerce sur son esprit tendre et flexible? Que résulterait-il du commerce de deux sauvages entre eux, en supposant qu'ils n'aient eu aucune relation extérieure ; ils resteront dans un état complètement stationnaire.

Nous en avons une preuve évidente à Madagascar : tant que les naturels du littoral ont été en relations avec les Français et sous leur domination, ils ont conservé sur les peuplades de l'intérieur un ascendant marqué. Lorsqu'au contraire nous les avons abandonnés, et que les agens anglais ont exercé leur influence à Emirne, les Hovas ont pris le dessus. Par des institutions plus solides, ils ont acquis un degré de supériorité qui les a conduits à l'empire absolu de l'île ; nous devions donc soutenir ceux auxquels nous avions donné, cent-cinquante ans auparavant, quelques idées de leurs droits en les appuyant des nôtres ; c'était sans doute le but de l'expédition de 1829 ; mais comme elle n'était soutenue par aucune base solide, elle devait nécessairement échouer. Ce nouveau projet d'expédition que je présente est au moins établi, selon moi, sur des fondemens qui ont pour moyens de consolidation des conséquences déduites de faits incontestables, tandis qu'on paraissait jusqu'ici n'avoir agi que dans un sens tout-à-fait contraire, en établissant le principe sur des conséquences.

Après avoir examiné tous les avantages que doit offrir Madagascar à la métropole, on sera convaincu que cette île pourra, par ses immenses ressources, couvrir en très-peu de temps les frais, quelque considérables qu'ils puissent être, d'une expédition nouvelle, exécutée surtout en grand.

FIN.

ERRATA.

(*Nota.*) L'auteur était à Brest lors de l'impression de son ouvrage, et n'ayant pu que tardivement en voir les épreuves, il en est résulté d'assez nombreuses incorrections dans les noms propres que nous rectifions ici en partie. L'intelligence du lecteur suppléera facilement aux autres.

Pages			lisez
3 et suivantes.	Tholongar	—	Tholangar
»	»	Faushère	— Fanshère
»	»	Maugabé	— Mangabé
5	»	Flaccourt	— Flacourt
»	»	Chamargon	— Chamargou
7	»	Dian-Noug	— Dian-Nongue
8	»	Dian-Manong	— Dian-Manangue
9	»	Nanbazé	— Rabazé
11	»	Montdevergue	— Mondevergue
18	»	de Louillac	— de Souillac
23	»	Rahefin	— Rabéfin
25	»	Tsars	— Tsassa
27	»	Ambinivoules	— Ambanivoules
29	»	Sylvian Roux	— Silvain Roux
»	»	Farghuart	— Farguart
31	»	Carajou	— Carayon
»	»	Albrom	— Albran
32	»	Malaud	— Mackau
»	»	Tsi-Famir	— Tsi-Fanin
33	»	Ambarisomontes	— Ambarisomogtes
35	»	Betsimesaras	— Betsimsarac
43	»	Mosndi-stara	— Mandi-Stara
52	»	Tsiphania	— Tsiphanin
65	»	Marou-rome	— Marou Vane
85	»	Jones	— Dyons
98	»	Josse	— Josset
114	»	Angouan	— Anjouan

TABLE DES MATIÈRES.

                                                          Pages.

Préface.   v
Introduction.   ix
Chapitre premier. 1ʳᵉ Époque. — Liberté des peuplades. Chaque province régie par un chef. Relations des Arabes avec les peuples riverains. En 1642 premiers traités entre la France et les provinces du Sud et de l'Est. Manghéfia, point de colonisation. Pronis, premier gouverneur. L'établissement prend le nom de Fort-Dauphin.   1
Chapitre II. 2ᵉ Époque. — 1645. Flacourt, commandant. Son ignorance. Destruction des établissemens en 1652. Nouvelle expédition en 1663. Chamargou; ses heureuses dispositions mal exécutées. Le soldat Levacher, prince d'Amboule. Service important qu'il rend. En 1667, Chamargou est remplacé par le marquis de Mondevergue. Madagascar prend le titre de France orientale. État de prospérité. En 1670, Delahaie gouverneur. Son despotisme. Nouvelle destruction du Fort-Dauphin en 1671.   5
Chapitre III. Nouveau projet d'établissement. En 1768, 4ᵉ expédition. Beniouski s'établit dans le nord. Sa fin tragique. Pirates de Sainte-Marie. Gossé y fonde une colonie détruite la même année. Bétie, Malgache; son jugement; ses services envers notre cause. Pouvoir du soldat Labigorne sur les naturels. Nouveaux traités et nouvelles luttes.   19

	Pages.
Longue paix. Les habitans du centre secouent le joug des peuples riverains. Les Anglais prennent l'Ile-de-France. Suites funestes pour nous de cette occupation.	14
Chapitre IV. Traité de paix de 1815. Les Anglais échouent dans un essai de colonisation au Port-Louquez. Influence politique de cette puissance dans l'intérieur. Radama. Son ambition. Il prend le titre de roi de Madagascar. En 1819, envoi de troupes nouvelles. Expédition de 1821. Pertes considérables. Impéritie du commandant, M. Silvain Roux. Conquêtes de Radama.	29
Chapitre V. Mort de M. Albran. En mai 1828 la corvette de charge *la Seine* arrive avec une mission spéciale. Elle visite Sainte-Marie, Foulepointe et Tamatave. Robin. Fêtes. Des grades militaires chez les Hovas.	55
Chapitre VI. Changement de gouverneur. Révolte des noirs Africains. Zèle infatigable de M. Schœll. Mort de Radama. Ses effets désastreux pour les Hovas. Tyrannie de son successeur, la reine Ranavalo.	106
Chapitre VII. Robin donne sa démission de Gouverneur. Périls qui l'entourent. Sa noble justification. Mort de Rafarla. Domination anglaise établie par un favori. Nombreuses émigrations des naturels de la Grande-Terre à Sainte-Marie. M. Schœll continue à améliorer l'état de la colonie.	115
Chapitre VIII. Expédition appuyée de forces navales. Députation nommée pour aller traiter avec la reine des Hovas. Prise de possession de Tintingue.	

Un fort y est improvisé. Les naturels de l'Est viennent s'y mettre sous notre protection. Protestation de Ranavalo contre notre présence en armes sur la côte.   125

Chapitre IX. Le 18 octobre 1829, commencement des hostilités. Expédition d'*Ambatou-Malouine*. Son plein succès. Attaque de Foulepointe mal combinée, mal commandée. M. Schœll y périt. Belle conduite de notre avant-garde. Nouvelle expédition pour l'attaque du fort de la Pointe-Larrée. Elle a lieu le 4 novembre. Résistance admirable de l'ennemi. Triomphe de nos armes.   140

Chapitre X. État prospère de nos établissemens. Industrie des naturels de notre parti. Le prince Corollaire vient en ambassade. On le reçoit à bord de *la Terpsichore*. Mon voyage par terre de la Pointe-Larrée à Tintingue. Pertes du personnel causées par l'hivernage. Retour de Robin; sa mission reste sans effet. Hostilités contre le sultan d'Anjouan. Ingratitude envers l'ex-maréchal. On commence à manquer de vivres. Disette des plus effrayantes parmi les naturels de notre parti.   160

Chapitre XI. Départ de *la Terpsichore* pour la France. Arabes naufragés. Vaisseaux endommagés par le coup de vent de Bourbon; on les répare à Tintingue. Famine toujours croissante à Madagascar. M. Tourette, envoyé par le gouvernement de Bourbon à la Reine. Il n'est pas reçu. Nouvelle ambassade en mai 1831. Même succès.   190

Chapitre XII. Départ de tous les navires de guerre. L'évacution de Tintingue est décidée. *L'Infati-*

Pages.

gable, l'Heroïne et le transport *le Madagascar* restent pour cette opération. Annonce d'un corps de Hovas ; leur parlementaire. Robin est employé de nouveau. Mésintelligence entre les commandans de terre et de mer. M. Picard cède le premier rang ; sa conduite franche et loyale. 197

CHAPITRE XIII. Arrivée des Hovas. Débats d'intérêts, esprit astucieux de l'ennemi. On ne résoud rien. Excursion de deux élèves de marine dans le camp des Hovas. Incendie du fort et de tous les bâtimens. Triste spectacle pendant la nuit. Départ de la rade de Tintingue ; arrivée à Sainte-Marie. Départ pour l'île Bourbon. 204

APPENDICE. Résultat de la dernière expédition. Aperçu général sur le système de colonisation en France. 225

CONSIDÉRATIONS GÉNÉRALES SUR MADAGASCAR TOUCHANT L'ABOLITION DE LA TRAITE. 257

FIN DE LA TABLE.

www.ingramcontent.com/pod-product-compliance
Lightning Source LLC
Chambersburg PA
CBHW071125160426
43196CB00011B/1804